AF489304

Filipa Menezes

TU VERDADERO VALOR

CONÉCTATE CON EL PODER MÁGICO DE TU INTERIOR E INICIA EL VIAJE HACIA TUS SUEÑOS

VOLUMEN 1

Tu Verdadero Valor
Primera edición: enero del 2020

©2019, Filipa Menezes
Autoedición y Diseño: Filipa Menezes
www.filipamenezes.com
tuverdaderovalor@gmail.com

Ilustración de portada, diseño y
maquetación: © Yudi Vargas
yudivargasilustradora.blogspot.com.es

ISBN: 978-84-09-12276-9
Impreso en España

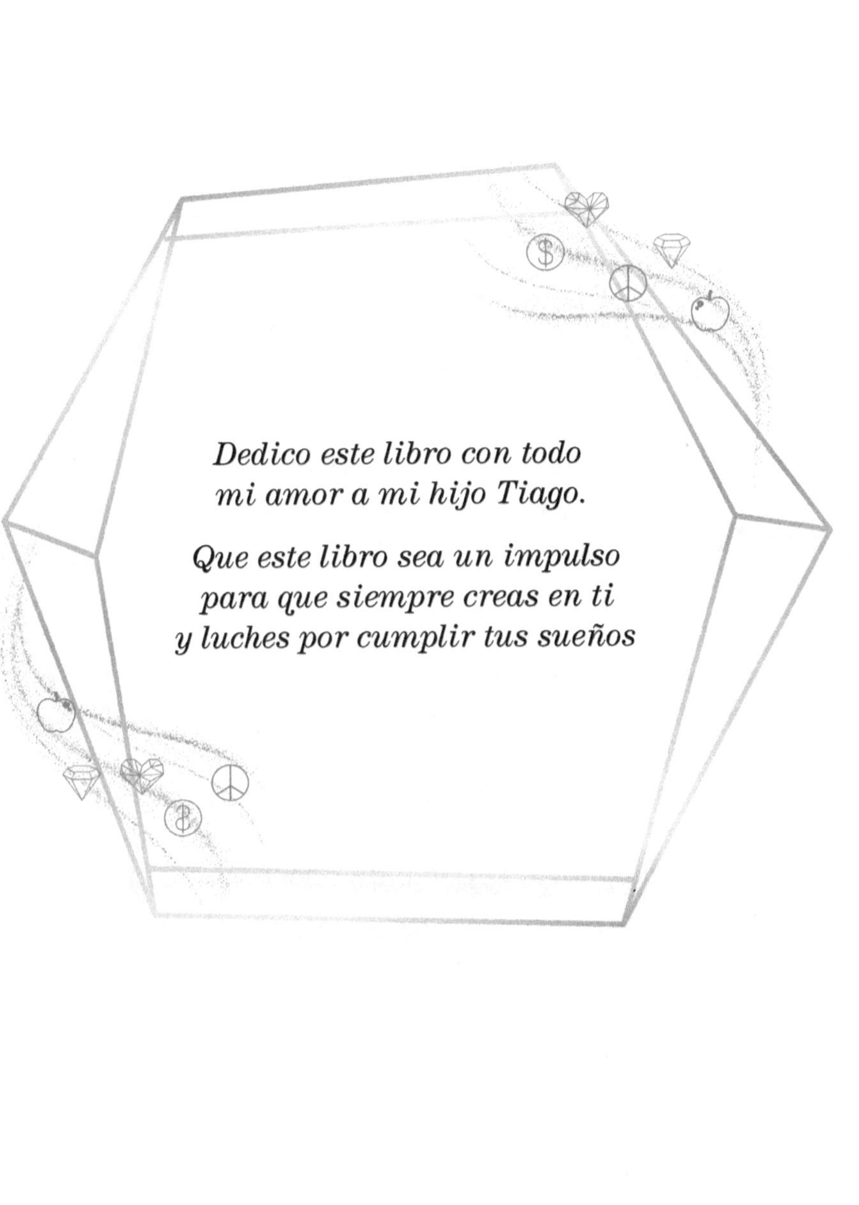

*Dedico este libro con todo
mi amor a mi hijo Tiago.*

*Que este libro sea un impulso
para que siempre creas en ti
y luches por cumplir tus sueños*

Filipa Menezes

Desde pequeña tuvo claro que su objetivo en la vida era encontrar la felicidad. A medida que creció, su espíritu inocente le fue llevando a cumplir los dictados de la sociedad: estudió la licenciatura de ADE, un Máster en Finanzas y un sinfín de cursos. Todo por ser feliz.

Ha trabajado en varias multinacionales, ascendiendo a puestos de responsabilidad; ha sentido la satisfacción de formar una familia; de tener una casa propia y bienes materiales. Pero aún así le faltaba algo.

A los veintinueve años decidió cambiar Oporto, su ciudad natal, por Barcelona para iniciar una nueva búsqueda hacia la felicidad. Tras muchos años intentando hallarla en el exterior por fin escuchó su voz interior y esa intuición le abrió paso a un camino hacia el autodescubrimiento. Desde ese momento inició un viaje transformacional para encontrarse con todo su Poder Interior, con la Felicidad y con su Verdadero Valor, hasta el punto de decidir compartirlo con todo el mundo.

Este es el recorrido que ha seguido para convertirse hoy en una escritora apasionada por el crecimiento personal; una vertiente en la que ha encontrado la felicidad plena y la certeza de estar en el camino correcto hacia sus sueños.

Índice

Testimonios

¿**P**or qué sentimos un vacío que nos hace sentirnos mal?

Filipa nos responde a esta importante pregunta a través de su propio crecimiento interior, a través de las duras experiencias que la llevaron a ser la persona que hoy es.

Muchas gracias por esta trilogía, porque ayudará a muchas personas a ver más allá de lo que la sociedad nos vende, la respuesta no está fuera sino dentro de nosotros.

Más aún, Filipa continúa su trilogía mostrando que el miedo se puede superar para terminar enseñando que podemos alcanzar lo que nos propongamos.

Gracias de nuevo, recomiendo de corazón esta trilogía porque es un manual de superación personal que todos deben leer.

ROCÍO TESTA ÁLVAREZ
PSICÓLOGA Y AUTORA DE LA TRILOGÍA
"QUIERES SABER POR QUÉ LO HAS HECHO?"
Y DOS LIBROS MÁS

Cuántas veces nos hemos visto envueltos en búsqueda de felicidad a través de cosas o personas para sentirnos importantes o encajados socialmente llenando vacíos y pronto seguimos insatisfechos, sin tener sentido, actuando por lo que nos han dicho socialmente que es lo que debemos hacer y tener, pero seguimos sin sentirnos realizados con un gran vacío.

"Tu Verdadero Valor", es una trilogía que te enseña que esa búsqueda está dentro de ti, potenciando y sanando, ayudándote a enfrentar tus miedos y guiándote para abrazar tus desafíos para conquistar tu vida con éxito, una trilogía preciosa escrita por los propios desafíos de vida que ha enfrentado su autora, gracias Filipa por tu entrega.

BEATRIZ CABEZAS MARIN
INGENIERO Y ESCRITOR

Gracias a esta trilogía escuchas y conectas con tu VERDADERO VALOR. Empiezas a seguir lo que dicta tu corazón y no lo que se espera de ti.

Página a página vas a descubrir cómo abrazar tus desafíos y bailar con tus éxitos.

Infinitas gracias Filipa por tanto.

Marta Nogués Bazaga,
Autora de la saga
"Sí a la vida",
Subcampeona de Europa,
Finalista en campeonatos
del mundo, Veterinaria
Coach y Mentora

Filipa nos ayuda mediante sus vivencias y aprendizajes a reconocer nuestro vacío interior. Muestra el camino para salir de esa sequía del alma y empoderarnos, convirtiéndonos en los constructores de nuestro destino. Es una guía para creer en el propio merecimiento, en el poder de crear nuestros sueños, venciendo nuestros miedos, y logrando el éxito que aporta paz y plenitud a nuestra vida.

Gracias por abrir tu corazón y por tu bella labor de contribución.

Ana Cristina Paniagua Andrés.
Madre de dos hijos,
Licenciada en Derecho,
Empleada Pública
y Autora de la trilogía
"El latido del Bambú"

Las cosas no llegan a tu vida por casualidad, sino por SINCRO-NICIDAD, así que si tienes este libro en tus manos y estás leyendo sus páginas significa que contiene un mensaje especial para ti.

Gracias Filipa por escribirlo y a ti, amad@ lector, por leerlo.

LAIN GARCIA CALVO
AUTOR DE LA SAGA DE "LA VOZ DE TU ALMA"

Tu verdadero valor te muestra la respuesta a ese vacío interior que te lleva a no ser feliz con lo que eres, con lo que haces. Te ayuda a parar y a pensar si realmente tu situación actual es lo que deseas en el fondo de tu corazón y te dará la verdadera felicidad. Descubre en esta mágica obra cómo la gratitud, el perdón, el amor y la musicoterapia pueden ayudarte a superar las más duras dificultades que la vida nos plantea.

CRISTÓBAL PÉREZ BERNAL,
AUTOR DE "LA CARTA DEL ÉXITO"

En la trilogía "Tu Verdadero Valor" encontrarás los motivos y herramientas necesarias para encontrar tu verdadero yo, los auténticos motivos que necesitas para ser feliz y cómo alcanzar tus deseos y sueños, al tiempo que comprendemos cómo los desafíos que atravesamos, nos preparan para ello. ¡Un libro imprescindible de desarrollo personal!

Ángeles Gómez-Belmonte.
Autora de la trilogía " ¡MEDITA!"

13

En diciembre de 2.018 coincido en un evento maravilloso con esta mujer, Filipa. También maravillosa mujer. Conclusión a la que llegaréis vosotros, queridos lectores, después de degustar de cada una de las palabras escritas en este libro.

La búsqueda del ser. Leer a Filipa ha sido de nuevo un jarro de agua fría para mí. Todos mis miedos aparecen aquí empaquetados para ser enviados para siempre al país de "Nuncajamás."

Cada sensación, cada sentimiento vivido por Filipa ha sido compartido por mí mismo.

La autoestima cero produce el mayor de los deterioros de tu ser. Y lo más interesante desde la pura inconsciencia.

Viajar al lado de Filipa se transforma en un trayecto emocionante donde descubres al mejor ser humano que puedes encontrar. TU MISMO.

Gracias Filipa por permitirme conocerte. Y por haber contribuido al amor a mi persona que puedo asegurarte tenía en el olvido.

Millones de gracias en nombre de los miles de lectores que disfrutarán con la lectura de este magnífico y generoso libro.

EMILI PUIG MENA
AUTOR DE LA TRILOGÍA
"LA ESPIRITUALIDAD DEL DINERO"

¡**Q**uerida Filipa!

No sabes cuánto me alegro de que gente como tú haya tomado la valiente decisión de contar sus experiencias con tanta naturalidad y cercanía. La vida está llena de sueños para conquistar, pero también de multitud de retos por resolver y creo que tú has dado la tecla en eso. Gracias a ti, gente como yo está descubriendo todo su potencial interior, dándose cuenta de que es posible exprimir sus capacidades mucho más de lo que piensan, siempre y cuando les acompañe una mentalidad adecuada. "Tu verdadero valor" me ha enseñado que las circunstancias externas nunca nos aportarán la plenitud que buscamos, por lo tanto, es el momento de mirar hacia dentro para empezar a disfrutar la vida que realmente nos merecemos.

Gracias por toda la fuerza, energía y positividad que transmites en este libro. Ojalá escribas muchos más.

AITOR BARAIA
AUTOR DE LA TRILOGÍA "EL MÁSTER DE LA VIDA"

Filipa es una mujer extraordinaria, llena de vida, con su trilogía "Tu Verdadero Valor", te inspira a encontrar tu verdadero valor y a encontrar la felicidad dentro de ti. No te lo pierdas ella, te ayuda a dejar lo que ya no te sirve para que puedas conectar con la verdadera celebración de la vida.

Gracias Filipa por tu coraje de ser lo que eres.

ELISABETE MOTA
CHANGE MENTOR

Muchos años de mi vida me enfoqué en agradar a los demás sin darme cuenta que dejé de ser yo, si hubiera leído tu verdadero valor años atrás, me hubiera ahorrado años de búsqueda en libros y cursos, ahora tú tienes la oportunidad de transformar tu vida.

Omar Patiño
AUTOR DE LA TRILOGÍA "PROGRAMACIÓN FINANCIERA"

Magnífica trilogía para ayudarte a tener más coraje y valor, y empezar a cambiar tu vida. En el primer libro, tu verdadero valor te hará ver la vida de otra manera donde irás empoderándote y donde aumentarás tu confianza. La autora nos cuenta parte de su vida, la manera en como ella enfrentó las adversidades y como creció hasta convertirse en la persona que es ahora.

En el Segundo libro, te mostrará unas pautas para que puedas tomar acción, para empezar a ver resultados en tu vida ya que todos somos capaces de conseguir lo que nos propongamos.

El tercer libro te muestra muchos ejemplos de superación personal, con ejemplos muy bien detallados y motivadores, para que empieces a creer que tú también eres capaz de hacer cosas extraordinarias.

Marc Caminal
Terapeuta, Naturopata, Acupuntor

"Tu Verdadero Valor" te hace llenar ese vacío interior de la manera más personal y sanadora, dejando de buscar en el exterior cosas para llenar un vacío interior. Si tienes una infelicidad constante, te mereces leer este libro que te guiará para transformar y encontrar tu verdadero valor, todo esto desde la búsqueda de tu potencial interior. El resto de esta trilogía te llevará a sanar esa insatisfacción interior, definir tus sueños más profundos y conseguirlos, eliminando miedos y haciéndote consciente de que la vida es un entrenamiento para llevarte a tu mejor versión.

Jesica García
Escritora de la trilogía "Áma-t"

Filipa nos ayuda a detectar esos pensamientos limitantes que no nos dejan avanzar y a enfrentar todos los miedos desde su propia experiencia y resultados. La importancia del perdón y del amor a la vez, como puente a una visión más consciente y constructiva de la vida.

MÓNICA VENTURA
AUTORA DE LA TRILOGÍA "LEONAS"

Preciosa trilogía en la que la autora nos muestra cómo escuchar nuestra voz interior. Es una gran guía de crecimiento personal que te ayuda a encontrarte. Nos enseña a gestionar nuestros miedos para que no sean un obstáculo, en descubrir todo nuestro potencial, y disfrutar así de la vida que deseas.

Gracias por ayudarme a liberarme de las ataduras y poder apreciar todo mi valor.

BEGOÑA PELÁEZ RODRÍGUEZ
AUXILIAR DE VUELO Y AUTORA DE LA TRILOGÍA "VOLANDO AL

Para que podamos apreciar el arcoíris, primero ha tenido que haber un día nublado y lluvioso, aprende de la mano de Filipa a través de su trilogía "Tu Verdadero Valor", a hacer de tu vida nublada y lluviosa un verdadero arcoíris, por medio de un viaje sin precedentes donde la autora te lleva a conocer y desarrollar el verdadero valor que hay en ti.

Gracias Filipa por darnos las herramientas para hacer que nuestro carbón se convierta en Diamante.

Carlos Santana
Autor de la saga "Alma de Águila"
y del movimiento "Indomables"

Filipa con sus motivadoras palabras hará de esta trilogía un manual donde página a página te hará emocionarte y conseguir que saques ese vacío interior y encuentres tu verdadero valor.

Esta trilogía hará que te auto conozcas, escuches a tu verdadero ser, aprendas que tu desafío es tu gran éxito y te transformes, a través de un viaje donde aprenderás a pulir tu potencial interior para soltar lastres y tomar el volante de tu vida.

Gracias de corazón por tus palabras.

RAQUEL TORRES
EMPRESARIA, ESTETICISTA,
CONFERENCIANTE
Y AUTORA DE "EL SECRETO DE TU A TU"

En esta maravillosa trilogía la autora nos traslada a través de sus propias experiencias, cómo ha sido capaz de liberarse de un vacío interior que la llevaba a la infelicidad y a descubrir su propia esencia y valor.

La autora con su gran coraje, desafió a su propio yo para a través de sus dolorosas experiencias convertirlas en grandes aprendizajes de vida.

Es una obra llena de amor y ternura con la que sin duda el lector se enganchará desde la primera página.

SANDRA DE OLIVEIRA GARCÍA
AUTORA DE LA TRILOGÍA
"DIVORCIO CONSCIENTE"

"Tu Verdadero Valor" una trilogía ÚNICA que te ayuda a aflorar tu mejor versión. Filipa te guía para descubrir tu potencial interior a través de herramientas muy valiosas que a la autora la han acompañado y acompañan durante el camino.

Gracias Filipa por compartir tu historia y estas grandes enseñanzas, por tu fuerza, coraje y valentía.

ANDREA CASTILLEJO
AUTORA DE LA TRILOGÍA
"RECONÉCTATE CON TU VERDAD"

En estas páginas vas a encontrar tu verdadero valor. Filipa te transporta hacia tu descubrimiento más profundo. Te ayuda a dejar atrás tus miedos y a enfrentar desafíos para alcanzar tus éxitos. Descubrir y sentir tu verdadero valor. Tus sueños te esperan detrás de tus miedos.

MARY LECHUGA OZÁEZ
AUTORA DE LA TRILOGÍA "PAZ EN TU MIRADA"

Cuando se habla desde el corazón dejas espacio para vivir todos tus sueños y dejar atrás todos los miedos. En cuanto empiezas a leer te das cuenta del verdadero valor de la vida.

Gracias Filipa por escribirlo.

Luis García Ruiz
Autor de "Empieza Vivir Ahora"

Después de haber leído esta interesante trilogía, me he sentido identificada con ellos porque a través de los cuales llegas al ser interior de la persona, haciendo que reacciones a lo que muchas veces no le damos importancia y dejas acumular tantas cosas inútiles.

En esta trilogía, la autora no sólo nos inspira fortaleza y dinamismo, sino que nos contagia con las emociones para que tomemos el timón de nuestra vida, de nuestros sueños. Qué seas tú mism@ quien identifique lo que no te deja avanzar hacia tus logros.

Gracias Filipa por compartir con tus lectores tanta generosidad, sencillez y sabiduría.

Milta
Pedagoga

"**Tu** Verdadero Valor" me ha ayudado a encontrar el oro que habita dentro de cada persona. Te lleva al autoconocimiento a través del camino placentero de una verdad nueva y edificante. Te ayuda a salir del bombardeo de la información que viene desde el exterior e interiorizar en ti mismo.

Filipa nos enseña, en su trilogía, varias herramientas para que puedas encontrarte en un nuevo paradigma de vida.

Es una lectura muy positiva que te hará volver a creer en ti, abrir tu alas y volar hacia tus éxitos!

LARA
AUTORA DE LA TRILOGÍA
"EL PODER DE TU SEXO"

Todos deberíamos ser nuestra mejor versión. Debemos conectar con nuestros sueños más profundos. Espero que esta trilogía te atrape y la disfrutes.

MARÍA MESA
ENFERMERA Y AUTORA DE LA TRILOGÍA
"COMIENZA TU ÉXITO"

Tu Verdadero Valor, este libro es un regalo para descubrir todo tu potencial, te enseña el verdadero valor del ser humano desde una lectura fácil y motivadora.

Gracias Filipa por escribirlo y compartir tu sabiduría.

PILAR ROMAR
AUTORA DE LA TRILOGÍA "EL CORAZÓN DEL ICEBERG"

TU VERDADERO VALOR es una magnífica trilogía, la cual está enfocada a ayudar a aquellos lectores que constantemente sienten ese vacío interior.

¿Quién no ha tenido esa sensación de vacío interior o de insatisfacción en alguna etapa de su vida? La mayoría de las veces buscamos solucionarla en el mundo exterior, con bienes materiales o todo tipo de cosas exteriores y muchas veces no sabemos ni porqué sentimos eso.

Filipa, a través de su Trilogía, te explica los motivos que te hacen llegar a sentir ese vacío interior, y que en lugar de seguir lo que te dicta la sociedad, te detengas a pensar si es lo que realmente te hace feliz. Asimismo, te enseña cómo ir venciendo tus temores para aprender a escuchar tu voz interior y el anhelo de tu corazón.

Gracias Filipa por compartir tu historia de crecimiento personal y por compartir tanto tus experiencias así como tus aprendizajes. Gracias, gracias, gracias.

HAIFA GHAWI,
AUTORA DE LA TRILOGÍA "RESILIENCIA"

La trilogía Tu Verdadero Valor me ha ayudado a ver cómo la sociedad nos tiene absorbida por el consumismo. Y como nos dejamos llevar y compramos compulsivamente porque nos sentimos mal con nosotros mismos. Lo que más me ha gustado ha sido como lo trata para ayudarnos a darnos cuenta de los que nos sucede. Y con la músico terapia y rísoterapia. Me ha ayudado a ver mis miedos y como conseguir mis sueños.

ASUN PLAZA
AUTORA DE LA TRIOLOGIA "SOBREVIVIRÉ"

La trilogía "Tu Verdadero Valor" me ha ayudado a descubrir que mi sensación de "insatisfacción personal" no está ligada a mi historia. A la historia que me ha tocado en la vida. Pues yo SOY "Vida" que tiene una "historia". Comprendiendo esto he podido llenar el vacío interior con nueva información gracias a este libro me ha ayudado a conectar con mis sueños y saber que nuestros desafíos son simplemente piedras que nos permiten alcanzar del otro lado del río y continuar así con mi camino hacia mis sueños, gracias gracias.

SILVINA GONZALEZ
AUTORA DE LA TRILOGÍA "LA TUA VITA A COLORI"

Una joven que después de pasar muchos desafíos en su vida, y trascender circunstancias muy dolorosas, se decide a escuchar a su corazón, dejando a un lado lo convencional, desprogramándose, para encaminar su vida al alcance de sus sueños, su trilogía "Tu Verdadero Valor". Está enfocado a ayudar a muchos a la búsqueda, de lo que quieren en su vida, a llenar ese vacío, y esa insatisfacción, como mismo lo vivió ella en sus días. Que supo escucharse a si misma, pararse a pensar que sus sueños pueden cumplirse, y que puedes ser feliz. Que todo lo puedes lograr. Es cuestión de pulir nuestro potencial interior a través del perdón, el amor, la musicoterapia, que tanto le ha servido en su crecimiento personal. Así continua con "Tus Sueños te Esperan", una guía para definir tus metas, y que estamos totalmente equipados, para lograrlo. Es por ello que en "Abraza Tus Desafíos y Baila con Tus Éxitos", donde comparte con nosotros, esos casos que ha conocido personalmente. De haber convertido sus desafíos en verdaderos casos de éxito….Gracias Gracias Gracias por compartir tan bella historia.

Clara Limonta Bonitto
Autora de la trilogía "Experiencia de Vida"

sta magnífica saga te va a ayudar a identificar y reconocer "Tu verdadero valor".

A través de su experiencias Filipa te ayudará a reconectar con tu ser más genuino: tu esencia, e ir a por tus sueños para tener una vida plena.

Si quieres crecer como persona, esta trilogía te ayudará. ¡Aprovecha la oportunidad!

Laura Lostao Fuertes
Autora de "Puedes cambiar tu mundo"

Tus libros me parecen muy interesantes ya que la mayoría de personas no estamos viviendo una vida consciente por muchos miedos y creencias, gracias a tus libros vas a poder empoderar a miles de personas a redescubrirse, a conocerse de que somos capaces de pasar todos esos desafíos que nos pone la vida. Para aprender a perdonar y perdonarnos, para superar, crear una vida de abundancia y amor 🖤

NOEMÍ SÁNCHEZ
EMPRESARIA INTERNACIONAL REDES DE MERCADEO

Si experimentas una búsqueda sin fin, en un lugar y otro, y no logras encontrar tu paz, tu felicidad, y sientes un vacío que no logras llenar; estás en el lugar indicado. En esta obra, a través de su vivencia, Filipa te comparte la ruta que te ayudará a encontrar lo que necesitas. Todo inicia desde aprender a escuchar tu verdadero ser. En este viaje, aprenderás a descubrir tu verdadero valor, regálate la oportunidad de navegar en su obra, porque tus sueños te esperan.

JOICE RUBÍ
MBA FINANZAS, PROJECT MANAGER Y ESCRITORA

Querida Filipa, quiero en primer lugar felicitarte por lograr este objetivo de escribir TU PRIMER TRILOGIA: "TU VERDADERO VALOR", transformándote/creciendo

en el proceso. Creo que ese es el VERDADERO VALOR, y con seguridad cada ser que se sienta atraído por vibración a tus libros, va a encontrar en ellos, a través de LA CONEXION CON SU ESPIRITUALIDAD, el VALOR EN SU ALMA/MENTE. Y seguramente después de la lectura/ internalización de todas y cada de una de las enseñanzas/ aprendizajes que en TU TRILOGIA muy bien expresas, van a ser motivados en sincronía TUS LECTORES CONTIGO para que tu obra continúe toda la vida.

Millones de Gracias por tu Maravilloso aporte al Universo que compartimos.

OMAR GERARDO FARIÑA
AUTOR (EN PROCESO) DE LA TRILOGIA
"ESPIRITUALIDAD EN LOS NEGOCIOS,
LA PAREJA Y LA AMISTAD"

Tu Verdadero Valor me ha impactado enormemente. Es un llamado ejemplar al descubrimiento de nuestra verdadera esencia interior, más allá de los dictámenes de la sociedad.

Una maravillosa historia de auto superación y de empoderamiento en femenino que nos invita a tomar las riendas de nuestras vidas. Cada mujer de esta tierra tendría que leerlo.

TUS SUEÑOS TE ESPERAN, una guía magistral para superar los miedos que nos impiden realizar nuestros verdaderos sueños.

Una hoja de ruta con herramientas concretas para lograrlos. Me ha acompañado de manera muy efectiva a realizar los míos.

ABRAZA TUS DESAFIOS Y BAILA CON TUS EXITOS, este libro consigue de forma muy efectiva cambiar el enfoque con el que vemos los desafíos en nuestras vidas.

A través de historias reales de personas que han superado sus desafíos y los han convertido en casos de éxito, la autora nos acompaña a través de un recurrido lleno de pautas para superar nuestros desafíos. Me ha impulsado al cambio de enfoque que tanto deseaba. Gracias!

FLAVIA AUGUGLIARO
FORMADORA

G racias Filipa por escribir la trilogía tu verdadero valor.

Leyéndolo me he conectado con mi verdadero ser y hacer lo que mi corazón anhela, a dejar de engañarme con las experiencias externas para enfocarme en mi ser interno. Descubriendo mi Verdadero Valor.

Pilar Vega
Autora de la trilogía
"Cásate Contigo"

Q uerido lector, si tienes la trilogía es porque te llamó la atención las herramientas que Filipa da, para llegar a conocerse y la resolución de situaciones que se encuentran en la vida, y aprender a sanarlas.

Yolanda Salvatierra Mesa
Terapeuta

La trilogía "Tu verdadero valor" constituye un aporte valioso a la literatura de desarrollo personal.

En el primer volumen, Filipa nos hace tomar conciencia de la importancia de conectarnos con nuestro interior y reconocer cuan valiosos somos por nuestra esencia y no por lo que tengamos para cumplir las expectativas de la sociedad.

La segunda parte de la trilogía "Tus sueños te esperan" nos presenta una guía que nos ayudara a vencer los miedos que obstaculizan el camino para alcanzar nuestros sueños, ya que somos capaces de lograrlo.

En el tercer volumen "Abraza tus desafíos y baila con tus exitos" se resalta la importancia de valorar todos los desafíos que afrontamos en la vida, ya que constituyen aprendizajes que nos ayudaran a ser exitosos. Asimismo, se incluyen casos que sirven de ejemplo y son muy enriquecedores.

MELINA SÁENZ, AUTORA
DE LA TRILOGÍA "REINGENIERÍA PERSONAL".

¿Cuántas veces hemos hablado con amigos o familiares sobre las exigencias de la sociedad de consumo? Vivimos pendientes de lo que nos exigen en el trabajo, la familia, los amigos … pendientes de qué pensarán de nosotros y nos abandonamos en medio de la corriente del rio llamado vida. Con días repletos de actividades que nos han impuesto, nos acabamos sintiendo vacíos por dentro.

Filipa, que ha vivido situaciones muy duras, llega a descubrir como cambiar esta situación y hacer brotar de dentro todos aquellos sueños personales para sentir la verdadera felicidad, sentirse feliz, encontrar el camino del amor, … en definitiva tomar el mando de su vida.

Gracias Filipa por abrirte, exponerte y explicarnos tus problemas y sobre todo tus soluciones, eres un ejemplo que seguir.

IGNASI RIERA, ASESOR DE SEGUROS

"Tu Verdadero Valor" es un libro esencial si deseas dar el paso primordial para una vida extraordinaria, ya que nos ayuda a identificar el porqué de tu sentimiento de vacío, ese que tantos años nos ha acompañado y ese que nos hemos empeñado en llenar de cosas absolutamente innecesarias y banales, tratando de buscar la paz interior. La autora, desde su propia experiencia de vida, nos acompaña en un camino de crecimiento en el que podemos soltar todo aquello que nos lastra y nos termina impidiendo que seamos quienes queremos ser. Descubrir tu verdadero valor es algo tan importante que cambiará tu vida para siempre y será el punto de partida para poder crear esa vida que siempre te parecía imposible. Gracias Filipa por escribir este maravilloso libro.

JOSE VICENTE GARGALLO,
AUTOR DE LA SAGA "LAS CENIZAS DE NUESTROS PADRES"

A través de las páginas de "Tu Verdadero Valor" hallarás maravillosas respuestas, basadas en hechos reales que llenarán tu interior del entusiasmo y valor necesarios para transformar tu vida a mejor.

JOAN EGEA BARBER
AUTOR DE LA TRILOGÍA VIBRA+

Agradecimientos

Escribir un libro requiere, sin duda, de momentos de aislamiento y soledad que a veces nos hacen compartir menos tiempo con las personas que más queremos.

Por tanto, quiero empezar por agradecer a mi marido y a mi hijo por el espacio que me han regalado para poder dedicarme a uno de mis sueños.

A mis padres, que a pesar de su avanzada edad y de la distancia que nos separan, tengo la suerte de aún poder contar con su presencia y apoyo.

A mis suegros, por todo el amor y sostén que nos dedican cada día.

A mis hermanos, cuñados y sobrinos que son como hermanos y hijos para mí, por la complicidad y cariño que mantenemos.

A toda mi familia en general y demás personas que desfilaran por mi vida, por todo el aprendizaje que recibí de cada uno de vosotros.

Gracias especialmente a Lain por todo lo que me ha aportado y por haberme impulsado a escribir este libro, así como a los 121 compañeros de mentoría por su motivación y apoyo incondicional diario.

A todo el equipo que contraté para la revisión, ilustración, maquetación e imprenta, por la profesionalidad y entrega que siempre me han trasmitido.

Y millones de gracias a ti, querido lector por haber elegido mi libro como promotor de tu transformación personal.

¡Trillones de gracias!

Trátate con cariño y atención, para que tu ALMA entre en calor y despliegue sus alitas volando muy, muy alto.

¿Cuántas personas hacen esto? Nadie, o casi nadie.

Por eso están mal o les va mal, y lo peor es que contagian al resto haciéndoles creer que el mundo es malo y que las personas también lo son.

El mundo no es malo o bueno, sino un reflejo de lo que pensamos de él. Si queremos tener un pensamiento más positivo de lo que nos rodea debemos empezar por tenerlo de nosotros mismos, pues nos vamos transformando de dentro hacia afuera.

Primero cambias tus pensamientos, luego tus emociones y después lo harás con respecto a los demás.

Posteriormente modificarás tus acciones, las que te afectan a ti, y después las que repercuten en los demás.

Hazlo. Verás cómo el mundo va adquiriendo, poco a poco, nuevos matices y colores, y cómo empiezan a escucharse a tu alrededor nuevos sonidos de victoria. Sentirás que el universo entero te abraza, te abriga y te sostiene para llevarte a las alturas que siempre te has merecido.

Las cosas no llegan a tu vida por casualidad, sino por SINCRONICIDAD, así que si tienes este libro en tus manos y estás leyendo sus páginas significa que contiene un mensaje especial para ti.

Gracias Filipa por escribirlo y a ti, amad@ lector, por leerlo.

LAIN, autor de la saga de *LA VOZ DE TU ALMA*.

www.lavozdetualma.com

Mi mensaje para Ti

Querid@ lector, antes que nada quiero agradecerte desde el fondo de mi corazón que hayas decidido leer este libro.

He puesto en él toda mi dedicación para que puedas aprovecharlo al máximo en la transformación de tu vida. Mi intención y mi deseo es ayudar al mayor número de personas en su despertar interior, en el despertar de ese diamante que todos tenemos y que, por numerosas razones, no sabemos aprovechar. Y lo más grave es que muchos ni siquiera son conscientes de que pueden hacerlo.

No sé cómo ha llegado este libro a tus manos, si lo compraste tú o te lo han regalado. No importa. Pero sí sé que es una pieza importante que faltaba en tu vida y que ha llegado en el momento justo, pues ahora estás preparado para leerlo y, sobre todo, para poner en práctica lo que aquí te expongo.

También sé que tenemos o hemos tenido vivencias parecidas en algún momento de nuestras vidas: problemas económicos, amorosos, físicos, psicológicos, familiares…

Que hemos pasado por sufrimiento, dudas, desilusiones, baja autoestima, ganas de vivir nuestros sueños en lugar de los de los demás, etc. Pero también hemos disfrutado de logros, milagros, progresos…hemos cumplido algunas de nuestras aspiraciones, aunque en ocasiones no lo sintamos así.

Sobre todo tengo la certeza de que sigues buscando ese "algo" que te llene de felicidad.

Lo más probable es que hayas estado durante años rebuscando ese "algo" en el exterior: en la pareja, hijos, amigos, familiares, trabajo, casa, coche, ropa, bebida, tabaco, drogas, fiestas, etc. **Lo sé** porque lo hacemos la mayoría de las personas, entre las que yo me incluía.

Si es así tengo una mala y una buena noticia. ¿Cuál quieres que te cuente primero?

Cuando me hacen esta pregunta yo siempre pido que me digan la mala y luego la buena, porque considero que no existen las malas noticias. Creo firmemente que todo pasa por un motivo y que lo no tan bueno es una parte necesaria en mi crecimiento personal.

Actualmente veo mi vida como un conjunto de piezas de lego con las que estoy construyendo el castillo de mi vida. Todas las piezas son válidas y encajan a la perfección, incluso aquellas que a primera vista parecen dispensables.

Después de este inciso debo contarte la mala noticia.

La mala noticia es que la llave que abre las puertas de la tan deseada felicidad y te permite obtener la vida de tus sueños no la encontrarás jamás en el exterior.

Pero no te preocupes, porque la buena o, mejor dicho, la excelente noticia es que la llave la tienes tú. ¡Sí, tú, en tu interior! Tu interior esconde los tesoros más valiosos y maravillosos del universo.

¡Eres un Verdadero y Precioso Diamante!

Eres muy valioso y mereces una vida plena de abundancia económica, física y amorosa.

¡Lo tienes todo! Solo tienes que ser consciente de ello y de cada tesoro que albergas para así utilizarlos a tu favor.

Este es el motivo por el que escribo este libro, para que despiertes ese poder creador que posees, lo actives y lo transformes en el gran motor de tu vida.

Lo que pretendo en estas páginas es modificar tu vida a través del encuentro contigo mism@. Te enseñaré las herramientas que yo misma utilicé para iniciar el viaje hacia mi interior, transformar mi vida y alcanzar el camino hacia mis sueños.

Cuando descubras y aceptes todo el poder que tienes dentro vivirás con la ilusión, alegría, inocencia y felicidad de un niño. Aprenderás a conducir tu mente, tu subconsciente, tus pensamientos y emociones. Y percibirás cómo tus creencias han construido la vida que tienes hoy.

De hecho, dependiendo de tus creencias puede ser que al leer este libro consideres que soy "otra más que vive soñando". Y no es que viva soñando, es que ¡vivo para alcanzar mis sueños!

Si en vez de eso piensas **"¡tengo que ir a por ello, no quiero perder más tiempo!"** te felicito, porque es señal de que tienes la mente abierta para el cambio y eso ya representa el 50% del entrenamiento que deberás llevar a cabo para conseguir tus metas.

¿Sabias que la mente subconsciente es la que dirige aproximadamente el 90% de nuestras acciones, decisiones y sueños? En definitiva, es la que gobierna nuestra existencia.

Si nuestra mente consciente solo tiene un 10% de poder en nuestras vidas debemos enfocarnos en cuidar, limpiar y reprogramar la mente subconsciente, la que almacena todos y cada uno de los recuerdos desde la infancia y nos abre o cierra el camino hacia nuestros deseos.

Cuando definimos un objetivo a conquistar es importante primero trabajar el subconsciente para alcanzar el éxito; debemos limpiar la mente subconsciente de toda esa información que nos limita y que nos han introducido inconscientemente desde pequeños.

Cuando ya esté limpia, entonces podremos empezar a llenarla mediante la repetición de patrones mentales positivos, analizando modelos de vida de personas que hayan logrado el éxito y visualizando ya cumplidos nuestros anhelos internos. La visualización creativa constituye un estímulo muy efectivo para impresionar a la mente subconsciente y de esa forma iniciar un proceso de manifestación física de los deseos que queremos lograr.

Durante varios años mi mayor anhelo era encontrar algo o alguien que me hiciera feliz, que rellenara todos esos huecos que sentía, procedentes de la falta de amor y aprecio que percibía por parte de mis padres. Sinceramente no recuerdo un abrazo o un beso suyo que no fuera para saludarme.

Decidida a reparar mi vida y encontrar esa felicidad, me esforcé por estudiar una licenciatura, cursé un máster y me apunté a miles de cursos. Incluso me fui a trabajar a un país extranjero. También conseguí mi propia casa, un marido, un hijo, un buen trabajo y excelentes amigos. Sin embargo, me seguía faltando algo, no era feliz, sentía un vacío interior inexplicable que no sabía muy bien cómo colmar.

En esa época estuve deambulando por el mundo buscando en el exterior aquello que poseía en mi interior. Pensaba que sería feliz cuando encontrara el "pack de felicidad" que me habían contado mis padres, profesores, amigos y toda la sociedad a mi alrededor: ese ascenso de trabajo, esa pareja, amig@, familiar o simplemente un conocido que me hiciera reír, que me proporcionara una conversación interesante, que me apoyara, que me valorara, que me dijese lo importante y valiosa que soy. Lo buscaba porque no creía en mí, en mi Verdadero Valor, y me limitaba a lo que creía y veía en los demás.

En algunas ocasiones sí que encontraba algunas personas con quienes me sentía querida y feliz, pero lo era por un corto periodo de tiempo. Al poco, notaba que esa no era la verdadera felicidad, porque volvía a sentir ese hueco dentro de mí, esa tristeza.

No lograba estar del todo bien, me faltaba algo y no era capaz de identificar qué era, pues entregaba mi destino en manos de los demás, generando en mí escenarios de sufrimiento y desesperación.

En aquel momento vivía enfadada, triste, desagradecida con la vida. Echaba la culpa de mi infelicidad a los demás, me sentía incomprendida y víctima de todo y de todos. Lloraba por la tristeza e incomprensión que experimentaba.

No entendía que la felicidad no depende de nada ni de nadie externo, sino que es un trabajo de cada uno que consiste en conectar con nuestra verdadera esencia y descubrir todo el amor y poder que tenemos dentro. La creamos con nuestros pensamientos, emociones y acciones.

Ahora que lo he comprendido doy gracias a Dios por todos esos momentos de angustia y dificultades que experimenté, pues gracias a ellos ahora estoy cumpliendo uno de mis grandes sueños: escribir y publicar mi propio libro y con él ayudar a miles de personas a entender que todo en esta vida se puede conseguir si primero limpiamos nuestro interior, reconocemos nuestro **Verdadero Valor** y creemos en nosotros mismos; si somos responsables de nuestra propia vida y activamos el poder interior y del universo para dirigirla como deseamos.

Con gratitud, enfoque positivo, intención y fuerza de voluntad, nuestro poder interior se activa y la mente le corresponde con pensamientos, emociones y acciones adecuadas.

Es importante que la intención y el enfoque que empleamos en cada una de nuestras tareas sean lo más correctos posibles, ya que así podremos poner en marcha pensamientos adecuados y las acciones nos acercarán a nuestros sueños.

Los problemas que nos surgen en el camino son aprendizajes, entrenamientos de fuerza para llegar a nuestros ideales, piezas de lego necesarias para construir lo que anhelas.

Cultiva el optimismo y aprende del sufrimiento y de los obstáculos.

Agradece absolutamente todo lo que se te presenta delante y elige pensar en lo que quieres **y no** en lo que no quieres.

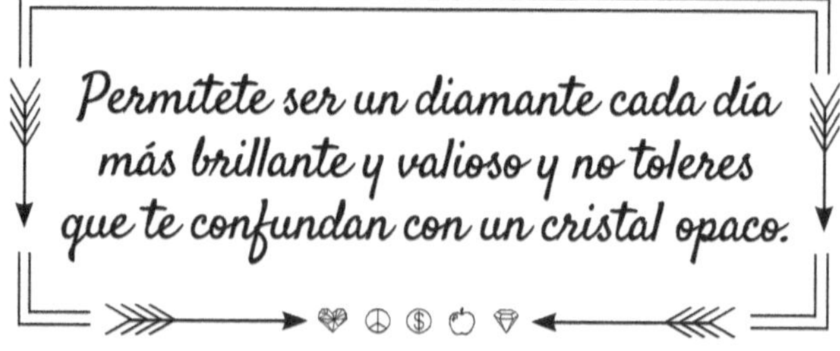

Estoy segura de que, si aceptas y practicas lo que lees, crecerás, progresarás y brillarás más que nunca en la escalera de tu vida. Este será el viaje más maravilloso ¡y el inicio de una nueva etapa!

> *"Los diamantes en bruto, sin importar su tamaño, podrían pasar por un tosco trozo de vidrio opaco."*

LAPIDARIO ANÓNIMO

Este es un símil muy claro que nos enseña en lo que nos podemos transformar si pulimos nuestro interior para que brote nuestro brillo o, si en cambio, nos estancamos en la vida que tenemos y somos confundidos con un simple trozo de vidrio opaco.

Espero y deseo de corazón que te quedes conmigo hasta el final de estas páginas para que disfrutes del momento de encontrarte con tu **Verdadero Valor**.

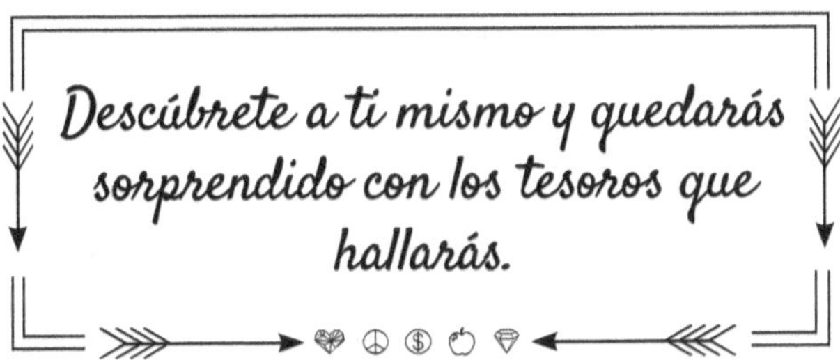

Confío en que descubras que la vida es perfecta y extraordinaria si decides pulir tu diamante interior y convertirte en el comandante de tu navío.

¡Súbete al barco de la felicidad y del éxito!

¿Estás preparad@ para iniciar este viaje?

Empezamos…

VIAJE A TU
Interior

*"Trabaja más en ti
que en tu trabajo".*

JIM ROHN

*"Los barcos no se hunden por el agua que los
rodea, se hunden por el agua que entra en
ellos. No permitas que lo que sucede a tu alrededor se meta dentro de ti y te hunda".*

ANÓNIMO

Si quieres iniciar este viaje y alcanzar con éxito tus sueños es imprescindible que te sientas feliz y muy agradecid@ por ello.

Para llegar al final deseado deberás ir vaciando tu equipaje de todo aquello que metes en él a lo largo de tu vida: victimismo, enfado, orgullo, rencor, envidia, malos recuerdos y sentimientos negativos.

Un día escuché la siguiente historia del maestro Hu-Ssong que contaba a sus discípulos:

Un hombre que iba por un camino tropezó con una gran piedra. La recogió y la llevó consigo. Poco después tropezó con otra e igualmente la cargó. Recogía todas las piedras con las que iba tropezando, hasta que el peso se volvió tan grande que el hombre ya no pudo caminar.

–¿Qué piensan ustedes de ese hombre?–preguntó Hu-Ssong a sus discípulos.

–Que es un necio –respondió uno de ellos–. ¿Para qué cargaba las piedras con las que tropezaba?

A lo que Hu-Ssong contestó:

—Pues eso es lo que hacen aquellos que cargan las ofensas que otros les han hecho, los agravios sufridos y la amargura de las propias equivocaciones. Debemos dejar atrás y no cargar las pesadas piedras del rencor contra los demás o contra nosotros mismos. Si apartamos esa inútil carga, si no la llevamos con nosotros, nuestro camino será más ligero y nuestro paso más seguro.

Y ahora te pregunto:

¿Cuánto tiempo llevas cargad@ de enfado, rencor, envidia, malos recuerdos y sentimientos negativos?

¿Por qué cargas con estas piedras si sabes que lo único que hacen es torturarte?

¿Cuánto tiempo más vas a seguir cargando?

¿Cuándo vas a soltar esos lastres y disfrutar de todo lo bueno que tienes en tu vida?

¡Cargar y cargar no sirve de nada, te lo aseguro!

En ocasiones, sin darnos cuenta, somos como el necio que va cargando con todas las piedras que se encuentra por el camino, sin detenernos a pensar si son necesarias, sin advertir que el peso nos hace ir muy despacio y tardar muchísimo en alcanzar nuestros sueños. Y lo peor es que, en varias ocasiones, NO llegamos a nuestro verdadero destino.

Todo esto se debe a que tenemos la errónea creencia de que perdonar implica darle la razón a la otra persona, pero esto no es cierto.

Perdonar no supone darle la razón al otro, significa liberarse de emociones negativas y de situaciones del pasado que nos lastiman una y otra vez. Es el poder de romper con las ataduras de la amargura.

Cuando perdonas a alguien o a ti mism@, estás sanando el dolor que se encuentra prisionero en tu interior, que lo único que te aporta son impedimentos para cambiar tu futuro.

En ocasiones, nos enfocamos demasiado en situaciones pasadas que nos impiden centrarnos en el presente y en nuestro porvenir.

¡Tu pasado no cambiará, pero sí lo hará tu futuro si decides ahora mismo empezar a cambiar el equipaje de tu mochila!

Llénala de amor, gratitud, perdón, alegría, fe, paz, prosperidad, abundancia, bendiciones y muchos pensamientos positivos para generar emociones y actitudes efectivas. ¡Todo esto no pesa! Es más, es el combustible que nos empuja a avanzar y prosperar en la vida.

Y ahora estarás pensando, ok, quiero prosperar pero, ¿cómo quito todas esas piedras innecesarias de mi mochila?

Acompáñame y en las siguientes páginas te lo cuento.

VIVE EL AQUÍ
y Ahora

"*El secreto de la salud para la mente y el cuerpo reside en no lamentarse del pasado, no preocuparse por el futuro y no anticipar los problemas, sino en vivir el momento presente seria y sabiamente*".

BUDA

Por lo general, somos adictos al futuro y al pasado y no nos damos cuenta de que esta es la droga que está matando a la sociedad y está llenando las consultas de los médicos.

Por ello, si queremos desprender esta adicción y conectar con el aquí y ahora, lo mejor que podemos hacer es centrar la atención en aquello que estamos haciendo en el tiempo presente.

¿Te sientes ansioso y/o estresado con frecuencia?

¿Sientes que vives la vida muy rápido y no llegas a lo que deseas?

¿Sientes que vives en un sinvivir?

¿Sientes un vacío en tu interior que cada día va creciendo?

¡Si la respuesta a estas preguntas es en su mayoría un sí, tienes que redirigir tu vida hacia el aquí y ahora!

El presente es el único regalo que tenemos en nuestro día a día. El pasado ya no existe y el futuro está por venir.

"Solo existen dos días en el año en que no se puede hacer nada. Uno se llama ayer y otro mañana. Por tanto, hoy es el día ideal para amar, crecer, hacer y principalmente vivir".

Dalai Lama

Recuerda que solo vivimos una vez y que cada día TODOS recibimos el mismo regalo: **un valioso cheque de 1.440 minutos**, asignado a cada uno de nosotros para que lo gastemos en nuestros sueños, para hacer lo que amamos, para ser felices, **para disfrutar y servirnos a nosotros mismos.**

Disfruta del camino de la vida y sé consciente de lo que tienes ahora.

Muchas veces vivimos tan preocupados con el futuro y lamentándonos por el pasado que no somos conscientes de las oportunidades que tenemos en ese momento.

Oportunidades que muchas veces nos ayudan a sanar el pasado y a obtener el futuro soñado.

Vivir el presente te aquieta la mente y te prepara para construir mejor tu futuro.

Te invito a que hagas un ejercicio sencillo que te ayudará a descubrir los beneficios de vivir el aquí y ahora.

En la playa, en el bosque o simplemente en la calle, camina y siente el contacto de tus pies con la arena, con las hojas, con el suelo. Este ejercicio es una de las bases del *mindfulness* y te ayudará a aliviar el estrés y a salir de las inquietudes de tu mente.

Practícalo varias veces al día para acostumbrar a tu cuerpo a concentrarse y disfrutar de cada tarea que realizas.

Empieza con la concentración en el caminar y luego aplícalo mientras te duchas, te vistes, escuchas música, cocinas, comes o juegas con tus hijos. Incluso mientras estás trabajando.

No esperes para hacer un curso de *mindfulness* para disfrutarlo y practicarlo. Lo puedes hacer desde ya. Empieza ahora mismo a sentir el contacto de tus manos con este libro. ¿Cómo te sientes? Mejor, ¿verdad? Sientes como tu mente se aligera y como por tu cuerpo circula una sensación de tranquilidad.

Aplícalo también mientras comes, al menos en una de las comidas del día. Observa lo que estás comiendo, percibe su olor, disfruta del sabor. Concéntrate en tu masticación y en cómo se siente tu cuerpo al aceptar esos alimentos.

Además de practicar la atención en el aquí y ahora, te beneficiarás de una mejor digestión y asimilación de la comida, lo que se verá reflejado en tu salud y en tu peso.

¿POR QUÉ LOS NIÑOS VIVEN TAN FELICES?

¡Porque viven el presente! Pero sin darnos cuenta les estamos traspasando a nuestros hijos el mismo estilo de vida que llevamos.

Debemos ser conscientes de la importancia de la percepción que tienen nuestros hijos sobre nosotros, y de cómo nos imitan durante sus primeros años de vida.

Un estudio realizado por la Universidad de Harvard revela que el cerebro se desarrolla muy rápidamente durante los primeros años de vida. Antes de que los niños cumplan 3 años se están formando **un millón de conexiones neuronales cada minuto**. Y que todas las vivencias que tienen durante los primeros siete años de existencia son las que se quedan grabadas en su subconsciente y más tarde se convertirán en sus creencias.

Más adelante te explicaré cómo las creencias pueden crear o destruir tu vida. Pero antes decide hacerte responsable de tu vida.

NO DEJES
TU VIDA
en Manos
Ajenas

"No entregues tu alegría, tu paz,
tu vida en las manos de nadie,
absolutamente de nadie. Somos
libres, no pertenecemos a nadie y no
podemos ser dueños de los deseos, de
la voluntad o de los sueños de quien
quiera que sea".

ARISTÓTELES

¿Sabes cuántas personas dejan su felicidad en manos de una pareja, de sus padres, de sus hermanos, de su familia, de sus amigos, de sus jefes, etc.?

La gran mayoría, ¿verdad? Esta filosofía de vida podría resumirse en: "cuando encuentre a la pareja perfecta, entonces seré feliz"; "cuando tenga un hijo, una familia, una casa o un coche, seré feliz"; "cuando mis amigos me apoyen, seré feliz"; "cuando mis padres sean ricos y me den lo que quiero, seré feliz" o "cuando mi jefe cambie de actitud, seré feliz"

Y así se nos pasa la vida, sin pensar en que cuando nos queramos dar cuenta puede que sea delante de un diagnóstico médico que no esperábamos, un accidente o cualquier otro suceso que, en muchas ocasiones, es lo único que nos hace despertar.

Te aseguro que descubrir que tu felicidad no depende de nadie es lo mejor que te puede pasar. Te hace sentir libre, te sientes tú mismo, auténtico, no te encuentras solo, crees que eres tú el comandante de tu vida y que la puedes conducir hacia el destino que elijas.

Hace poco escuché la siguiente historia:

Había un granjero que se sentía infeliz y pobre con su granja y lo que ansiaba era ganar mucho dinero para viajar a África y descubrir su mina de diamantes. Así que decidió lo siguiente: "Cuando mis padres fallezcan venderé su casa e iré por el mundo en busca de una mina de diamantes y así me haré muy rico", pensó.

Finalmente llegó el día de la muerte de sus padres y unas semanas más tarde el granjero vendió la casa a uno de sus vecinos, que no era rico, pero sí muy feliz. El granjero, en cuanto recibió el dinero de la venta de la casa, se marchó y empezó su viaje en busca de su deseada mina de diamantes. Pasados unos años volvió, arruinado, ya que no había encontrado la mina que tanto buscaba. Venía con la intención de ver la casa que había vendido, pero cuando fue al lugar donde se encontraba no la reconoció. Entonces empezó a preguntar a los vecinos: "¿Dónde está la casa que era de mis padres?".

Y todos le contestaban: "En el sitio de siempre".

El granjero regresó al lugar en el que siempre había estado su antigua casa y vio otra totalmente diferente. Era espectacular, como la casa de un hombre muy rico, pensó para sus adentros. Cuando se acercó, convencido de que iba a encontrar a una persona muy rica desconocida, apareció el mismo vecino que tiempo atrás le había comprado la vivienda.

El granjero, admirado, le preguntó: "¿Cómo te has vuelto tan rico?".

A lo que el otro granjero contestó: "Mientras desenterraba un día el suelo de la casa para sustituirlo, encontré un hueco en el cual cavé más profundo. Y ahí hallé una valiosa mina de diamantes".

Querid@ lector, estoy segura de que ahora mismo estás recordando alguna o varias situaciones de tu vida en la que también "viajaste" fuera para encontrar la felicidad.

Como en esta historia, muchas veces no buscamos lo que anhelamos en nuestra propia tierra, en nuestro propio ser, y nos vamos por ahí de "viaje", muchas veces a la deriva y sin rumbo, en busca del diamante que nos hará feliz.

¡Tú eres el diamante que buscas!

¡Tu felicidad está dentro de ti y DEPENDE SOLAMENTE DE TI, de nadie más!!

¡Deja de buscarla fuera, deja de buscarla en los demás, deja de postergarla y empieza a ser feliz desde ya!

¡No te pongas excusas! Recuerda que solo vivimos una vez y que, cuanto más tiempo pases pensando sin tomar acción, más difícil será detener lo que no te gusta de tu vida.

Deja de pensar que serás feliz cuando tus padres o tu jefe sean como a ti te gustaría, cuando tu familia o tus amigos apoyen tus decisiones, cuando tengas pareja o cuando esta te haga sentir importante, te entienda, te apoye o, simplemente, deje de vivir en su mundo.

Sí, ya sabemos que una de las frases más mencionadas por las mujeres cuando se quejan de su pareja es "él vive en su mundo y no me escucha cuando hablo". Y la más mencionada por los hombres cuando se quejan de las mujeres "siempre se está quejando". ¡Pero solo esto daría contenido para escribir más de un libro!

¿Te suena todo esto? ¿Quieres cambiar?

Empieza por abandonar la queja y asumir la responsabilidad del presente que has creado y del futuro que podrás construir. ¡Todo depende de ti! ¡Solo lo tienes que querer y creer para obtenerlo!

Sigamos…

CREE EN TU
VALIOSO
Potencial

"Lo que podemos o no podemos hacer, lo que consideramos posible o imposible, pocas veces es un reflejo de nuestra verdadera capacidad, sino más bien un reflejo de nuestras creencias acerca de quiénes somos".

TONNY ROBBINS

Es curioso que se nos haga fácil reconocer el valor de un coche o de una casa, pero muy difícil el nuestro propio.

En demasiadas ocasiones no somos conscientes del valor que tenemos, de nuestro potencial o nuestras propias capacidades. Pensamos que los demás son mejores que nosotros y nos dejamos llevar por la desilusión, por la depresión, la enfermedad, la escasez, etc.

¿Cuántas veces te has sentido así? O quizá este sea tu estado actual... Sientes que no hay nada que te consuele y te haga experimentar alegría. Parece que todo se te viene abajo y el mundo es un verdadero martirio.

Entiendo lo que sientes porque yo también tuve esos momentos, igual que tú, derivados de desilusiones, rupturas amorosas, enfermedades, escasez económica, etc.

Pero, a partir del instante en que entendí que somos lo que creemos que somos y cuánta responsabilidad tenemos en lo que nos ocurre, modifiqué radicalmente mi actitud y mi vida empezó a cambiar a pasos agigantados.

Nuestro *software* mental ha sido programado por varias personas, padres, familia, amigos, profesores y sociedad en general, desde que somos niños. Es hora de que revises tu *software* y decidas qué programas ya no funcionan y te están limitando.

Reactiva aquellos que son válidos porque te hacen avanzar en el camino de tus sueños. Estos programas son las llamadas creencias, algo que te explicaré mejor conforme vayamos avanzando en la lectura.

Para desarrollar todo el potencial que tenemos internamente y alcanzar mejoras en todas las áreas -amor, dinero y salud-, es indispensable modificar la visión, la programación y las creencias que tenemos de nosotros mismos.

Cuando te aceptas, te amas y crees en ti, tu actitud frente a la vida cambia y los resultados que obtienes, cada día más, se dirigen al destino que deseas.

Cuenta una leyenda que…

Hubo una vez una tigresa embarazada que falleció justo después de parir un precioso y pequeño tigre.

Andaba por allí un rebaño de ovejas que estaba pastando, como siempre hacen las ovejas, sin más.

Cuando vieron al tigre las ovejas se acercaron a él. Este, al no tener ningún referente más que las ovejas, pensó que era una más y fue adoptado por el rebaño. Vivía como ellas, comía pasto como ellas, berreaba como ellas y hasta se quejaba de todo como ellas, sin hacer nada para mejorar la situación. Y así, día tras día.

El tigre fue creciendo pensando que era una oveja. Vivía tranquilamente con su familia adoptiva, desconociendo su verdadera naturaleza. Hasta que un día el rebaño fue atacado por un tigre que, sorprendido al encontrar al otro tigre allí, le preguntó: "¿Cómo es posible que actúes como una oveja? ¡Tú eres un tigre!".

El tigre-oveja simplemente berreó asustado por encontrarse con un animal tan fiero.

Así que el tigre decidió llevarlo a un lago cercano para que su reflejo le convenciera de que no era una oveja, sino un tigre.

El tigre-oveja vio su reflejo en el agua, parecido al del otro tigre, pero nada cambió. Seguía convencido de que era una oveja, muy asustado por estar alejado de su antiguo rebaño y en presencia de un animal tan libre, autónomo e instintivo.

El tigre se fue a cazar y al llegar la noche dio un trozo de carne de su presa a su nuevo compañero, pero este no quiso comer, horrorizado por el ofrecimiento.

Entonces el tigre expulsó un increíble rugido que se oyó en todo el valle y ordenó al tigre-oveja que comiera.

Este, asustado, gimió levemente y dio un bocado a la carne. Entonces, su cuerpo reaccionó y sintió su naturaleza real, lanzando un medio rugido: "¡grr-beeh!".

El tigre adulto le mostró cómo era un rugido de verdad: "¡Grrrrrrr!" y le pidió que lo intentara una y otra vez hasta que lo lograra. Tras unas cuantas repeticiones el pequeño tigre lanzó un feroz rugido: "¡Grrrrrrrrr!"

Así fue como descubrió su instinto, perdido por la educación e identificación con el rebaño que le había acogido al nacer.

Dicen que este es el rugido de un ser humano cuando toma consciencia de quién es en realidad.

Estamos en la misma situación que ese animal, somos tigres entre ovejas y berreamos en lugar de rugir, como nuestra naturaleza nos dicta. Hemos pasado tanto tiempo aferrados a nuestro personaje que ya no sabemos quiénes somos ni cuál es nuestro verdadero ser.

Le damos la espalda a nuestra propia condición, identificándonos con lo que creemos ser.

Nos consideramos incapaces de hacer ciertas cosas porque nos hemos convencido de que no somos así o de que no tenemos esas facultades. Estamos aferrados a nuestras creencias limitadoras.

¡Somos lo que creemos que somos y no lo que verdaderamente somos!

Si pensamos que somos valientes lo seremos y si creemos que somos temerosos lo seremos.

Sabiendo esto, ahora decide, ¿quién quieres creer que eres?

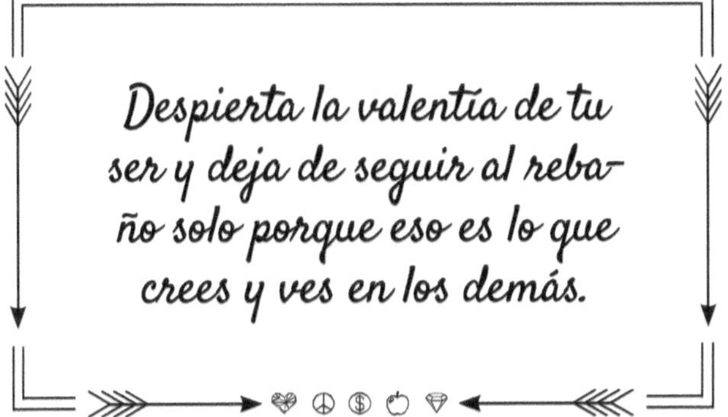

Saca todos esos tesoros que tienes ocultos dentro de ti y comprobarás que, con confianza y la autoestima alta, no existen más límites que los que tú te impongas o quieras ver.

Sé consciente de que lo que te propongas se hará realidad siempre que quieras y confíes en tu verdadero valor.

¡Tú eres valios@!

No te acobardes ante nada, elimina el victimismo y transfórmate en el director de tu propia vida. ¿Quieres saber cómo? En las siguientes páginas te lo explico…

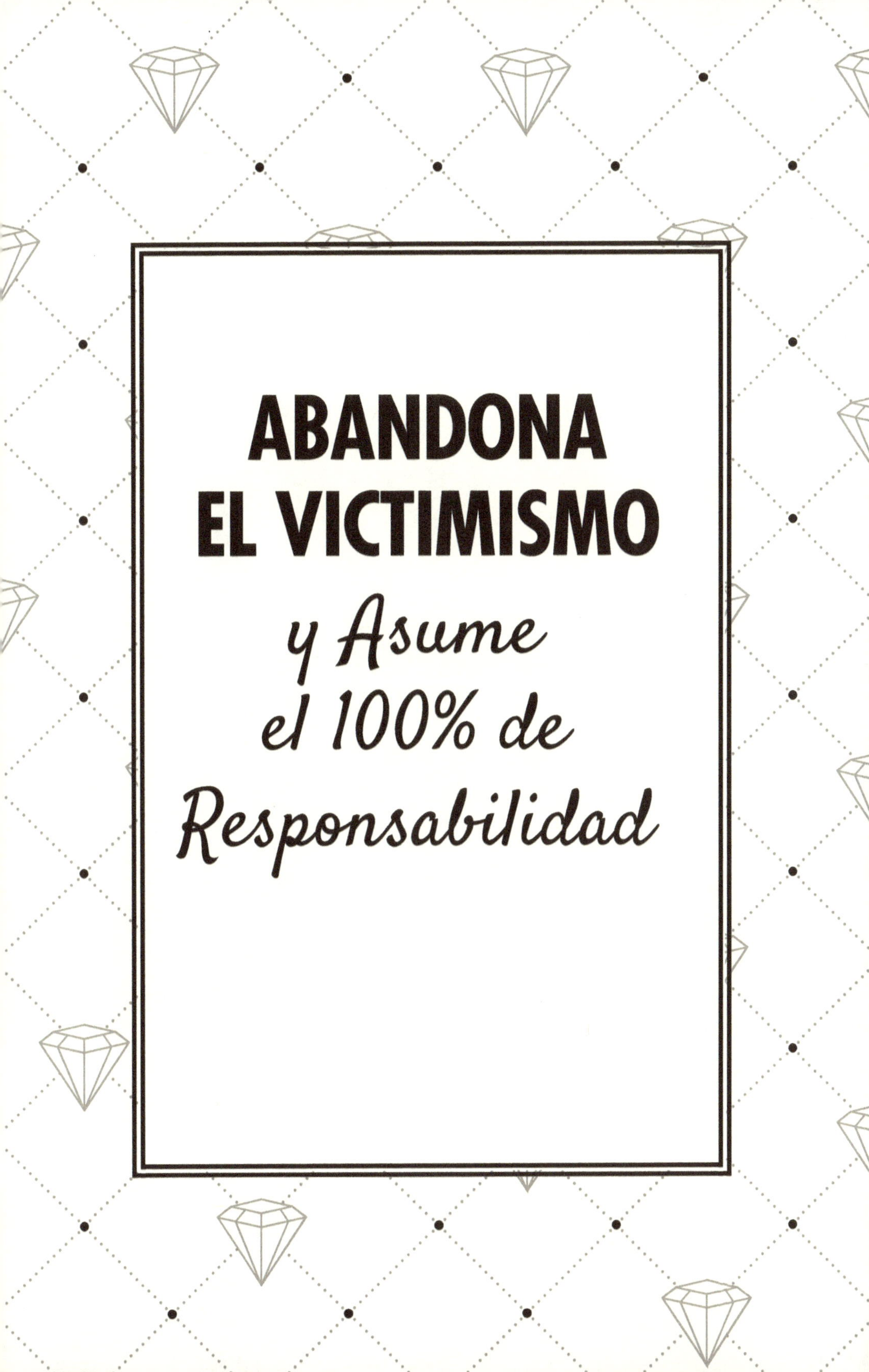

ABANDONA
EL VICTIMISMO
y Asume
el 100% de
Responsabilidad

"Las personas más felices del mundo son aquellas que se sienten absolutamente geniales con ellas mismas. Y este es el resultado natural de asumir nuestra responsabilidad en cada uno de los aspectos de la vida".

BRIAN TRACY

Quizá leer este título te resulte incómodo y tengas la tentación de abandonar la lectura de este libro. No lo hagas, lo que busca tu mente es mantenerte en tu zona de confort. Y así nunca vas a poder cambiar tu vida.

La palabra responsabilidad puede asustarte o, en cambio, proporcionarte poder. Lo importante es que aceptes el cambio y seas consciente de que todo lo que has obtenido en la vida es resultado de tus creencias, pensamientos y emociones.

Como decía Aristóteles:

"Si te preocupan los problemas financieros, tus relaciones amorosas o familiares, busca en tu interior la respuesta para calmarte. Tú eres el reflejo de lo que piensas diariamente".

Con esto no quiero hacerte sentir culpable.

La primera vez que me dijeron que yo era responsable de todo lo que me ha ocurrido, ocurre y ocurrirá en mi vida, me sentí muy mal. Me sentí tremendamente culpable y con muchísima angustia al saber que yo misma me había creado tanto sufrimiento.

Sin embargo, luego entendí que la culpabilidad es una cosa y la responsabilidad otra totalmente distinta. Y que siguiendo por el camino de la culpa no obtendría nada diferente de lo que tenía hasta ese momento.

Fue entonces cuando opté por tomar una de las decisiones más importantes de mi vida, abandonar el papel de víctima, mi compañera de viaje durante más de 30 años, y tomar rumbo al camino de la responsabilidad, el que me ha permitido desarrollar todo mi potencial y empezar a construir mis sueños, mis anhelos del alma.

Por eso deseo que, durante la primera lectura de este libro, empieces a despertar y adoptes la idea de que tú tienes el poder para cambiar tu vida.

Y me refiero a una primera lectura, porque hasta que no consigas la vida que deseas te animo a que lo leas varias veces, lo estudies y reflexiones. Pero, sobre todo, que lo pongas en práctica. Verás que de esta forma todo empezará a cambiar positivamente y tus sueños llegarán cuando menos te lo esperes.

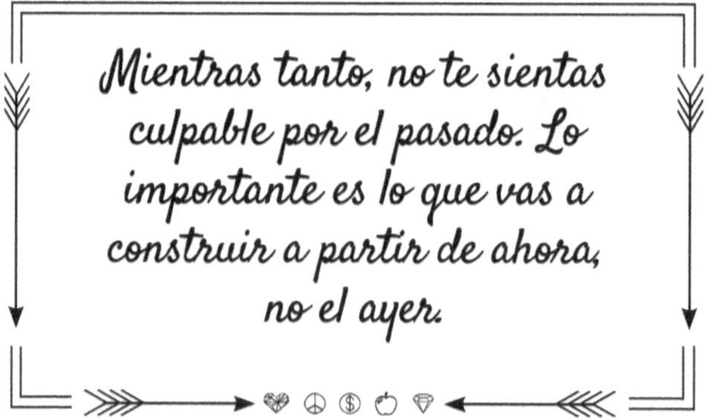

Antes te adelanté que la principal causa que nos impide conseguir lo que queremos es nuestra programación, nuestras creencias, esas semillitas que vamos asimilando desde pequeñ@s.

¿Sueles sentir que te mereces algo mejor? ¿Que la vida es injusta? ¿Que los problemas que tienes son por culpa de los demás?

Si es así tienes una mentalidad de víctima que no te deja avanzar ni cambiar, porque tu cabeza siempre te repite que tus problemas son culpa de los demás. ¡No sigas por este camino!

Los contratiempos no son culpa de los otros, sino que están en nuestro interior, en nuestras creencias, en la forma de pensar y sentir con la cual actuamos. En efecto, logramos los resultados en base a lo que hacemos. Por tanto, no hay ninguna razón para culpar a nadie por nuestros resultados ni tenemos derecho a hacerlo.

Identifica los problemas que sientes que te afectan y reconócelos. Pon la verdad por encima de todo. Toma consciencia de la responsabilidad que tienes detrás de la situación que te incomoda.

Siempre recuerdo la siguiente historia. Es una sabia conversación de un niño con su abuelo:

—Oye abuelito, ¿cuál es la diferencia entre un sabio y un necio?— preguntó un niño a su abuelo mientras se dirigían al banco de un parque para comerse un sabroso helado.

El buen anciano sonrió y mirando a su nieto le contestó:

–Cuando el sabio comete un error dice "me equivoqué" y luego corrige. El necio, sin embargo, responde "no fue culpa mía" y busca responsabilizar a otros. Ante la adversidad, el sabio piensa "algo he de aprender de esto", mientras el necio grita "¡qué mala suerte! ¿Por qué a mí?". Ante los resultados no tan esperados de sus actos, el sabio afirma "depende de mí y de mi trabajo" y el necio exclama "es la mala vibra de los otros". Frente al trabajo, el sabio lo asume apasionadamente y se entrega con dedicación, mientras el necio se queja diciendo "estoy muy ocupado, no tengo tiempo para nada".

El sabio se enfrenta a los desafíos y el necio se evade diciendo "tengo otras cosas más importantes que hacer".

El sabio da su palabra y la cumple, sin embargo el necio promete, construye castillos en el aire, pero no hace nada.

Ante los retos, el sabio dice "puedo mejorar", pero el necio se justifica diciendo "no soy tan malo como otros que conozco".

El sabio escucha al otro, lo comprende y después responde, pero el necio solo piensa en que lo suyo es más importante.

Ante alguien que sabe más, el sabio le respeta y busca aprender de él, mientras el necio siente envidia y piensa en los defectos que puede encontrarle.

Cuando hay complicaciones, el sabio busca una mejor forma de hacerlo. El necio, por su parte, se conforma pensando "así se ha hecho siempre y no hay otra".

El niño escuchó con profunda admiración a su abuelo y, cuando terminaron el helado, le dijo:
—¿Sabes qué veo, abuelito?
—Dime lo que ves —, contestó el anciano.
—Que tengo un abuelito sabio.

Cuando culpabilizas a otra persona de tus problemas estás debilitando tu poder y tus fuerzas creativas. Piensas de inmediato que no tienes recursos o capacidades para transformar o solucionar esa parte de tu historia. No somos víctimas de nuestros problemas, los obstáculos y fracasos son herramientas para crear nuevas experiencias.

A veces no puedes evitar determinadas situaciones, pero si tienes una actitud proactiva y modificas tu manera de pensar y tu comportamiento, podrás anticiparte y obtener el control sobre ellas.

La felicidad llega cuando tomas consciencia de que tú eres el creador de tu vida y depende de tu habilidad lograr satisfacer tus deseos.

Así que el primer paso para alcanzarla es aceptar que tú eres el responsable de conseguir cualquier resultado en cada una de las áreas de tu vida, amor, dinero y salud.

Seguro que ahora mismo estarás pensando que todo esto está muy bien, pero te preguntarás ¿qué significa asumir la responsabilidad? ¿Cómo puedo descartar el papel de víctima de mi vida?

Pues aceptando que eres tú y solo tú la única persona encargada de velar por tu felicidad; de escoger tus pensamientos y objetivos; de ser proactivo en lugar de pasivo; de ejercer tu poder personal y alcanzar tus metas; de pasar de estar dormido a mantenerte despierto y de permitir que esa situación siga viva.

Cuando realmente fui consciente y acepté que yo soy la responsable de todo lo que tengo en mi vida, me cambió la cara y, lo más importante, me cambió la existencia. A partir de ese momento empecé a cuidar mis pensamientos, mis emociones y a ser responsable de mis decisiones. Entendí que soy libre y solo yo puedo crear lo que anhela mi corazón.

Y mi deseo es que tú puedas hacer lo mismo. Que entiendas la importancia de esta responsabilidad y empieces a aplicarla para alcanzar una vida a un nivel superior.

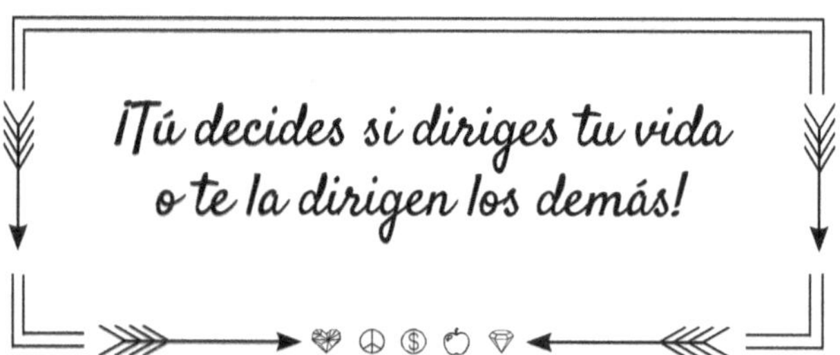

Recuerdo todas las situaciones de infelicidad que he vivido y cómo echaba la culpa a los demás por ello. No me daba cuenta de que yo era la única persona que tenía la llave para cambiar el rumbo de mi destino. Esperaba que los demás fueran responsables de mi felicidad.

Cuando no me iba bien con una pareja siempre la culpa era de la otra persona. Cuando no tenía dinero la culpa era de mis padres que no habían generado riqueza suficiente para darme más. Cuando no tenía salud y estaba deprimida la culpa era del trabajo, de la familia, de los amigos y de la pareja.

Hace unos años lo pasé muy mal en una relación sentimental. He sufrido mucho psicológicamente y estuve a muy poco de convertirme en una víctima mortal. Nunca pensé que un día llegaría a ser consciente de que yo misma permití y fui responsable de esa situación.

La relación al principio iba viento en popa y estábamos muy enamorados. Él manifestaba sus celos, pero yo les restaba importancia e incluso los veía como una señal de amor. Mi falta de autoestima, permitía el maltrato psicológico porque después de las discusiones venían los regalos, las flores, las disculpas y las palabras bonitas con las que me idolatraba una y otra vez. Hasta que me di cuenta de que los celos podían ser enfermizos. Y en este caso lo eran.

Llegué al punto de no salir de casa para evitar que me preguntara con quién había estado o por qué un chico me estaba mirando. Continuamente me hacía creer que yo le estaba engañando con historias que creaba su cabeza. Y lo peor, es que yo acababa pidiéndole perdón porque me convencía de que eran ciertas.

Te confieso que hasta rogaba que ningún hombre me dijera nada para evitar una pelea segura. Dejé de hablar con mis amigos varones y también con algunas amigas que no le "caían bien". He sufrido persecuciones de todo tipo. Llamadas amenazadoras a altas hora de la madrugada. Amenazas de muerte, la última con una pistola. Era una relación obsesiva que lo único que me generaba era maltrato psicológico. Por suerte, fui consciente a tiempo y no llegué a sufrir maltrato físico.

La verdad es que no le deseo a nadie esta situación, pero hoy estoy convencida de que la viví porque la consentí. No tomé acción cuando debería haberla tomado. Dejé que mi vida fuese totalmente dirigida por mi pareja. ¡Y eso no es vivir, es sobrevivir!

Desafortunadamente, estas situaciones y otras, a veces peores, siguen sucediendo en nuestro día a día en todo el mundo. Puede incluso que tú mism@ hayas vivido o estés viviendo algo parecido. Por eso te quiero ayudar y te animo a que salgas del papel de víctima y cambies la situación. ¡No la consientas más en tu vida!

La única manera de avanzar es no culpar a los demás de lo que te sucede. Tu futuro depende solamente de ti.

Admite que eres tú quien decide si desea seguir viviendo desde el victimismo o desde la responsabilidad, desde el empoderamiento. Cuando dejas a un lado el rol de víctima te sientes empoderado para cambiar tu vida. Y esa es la parte buena de ser responsable de ella.

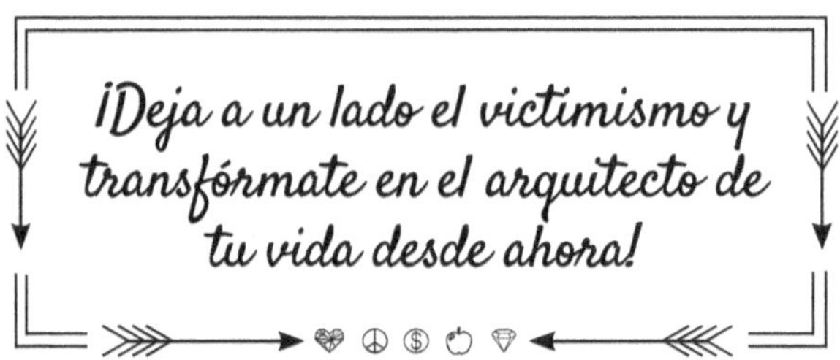

Nada se soluciona culpando a los demás. Si vives una situación que no te gusta, modifícala. Aunque te duela, con el tiempo comprobarás que fue la mejor decisión de tu vida.

Normalmente la responsabilidad requiere esfuerzo y, por este motivo, en muchas ocasiones optamos por vivir con la mínima responsabilidad posible. Es más cómodo y fácil esquivarla y adjudicársela a otro, pensando que somos víctimas de un mundo injusto que nos tortura y desasosiega.

En muchas ocasiones, desconocemos o ignoramos, consciente o inconscientemente, que el camino difícil es también el que nos proporcionará más felicidad a largo plazo.

Si sigues pensando que te mereces algo mejor pero no tomas acción no estás siendo sincero contigo mism@. Porque cuando de verdad amas a alguien y crees que se merece algo actúas para ayudarle a conseguirlo.

Si tu mente aún se resiste a aceptar este cambio, reflexiona sobre lo siguiente: si eres padre o madre, ¿te gustaría que tu hij@ estuviera viviendo esta situación? ¿Qué acción le dirías que debe tomar para cambiar su actual escenario?

Si vives una relación con la que no estás a gusto, ¿quién te impide abandonarla o quién te metió en ella?

Si tienes un trabajo en el cual no te sientes realizado, ¿quién te impide buscar tu verdadera pasión?, ¿quién te obligó a empezar en este trabajo?

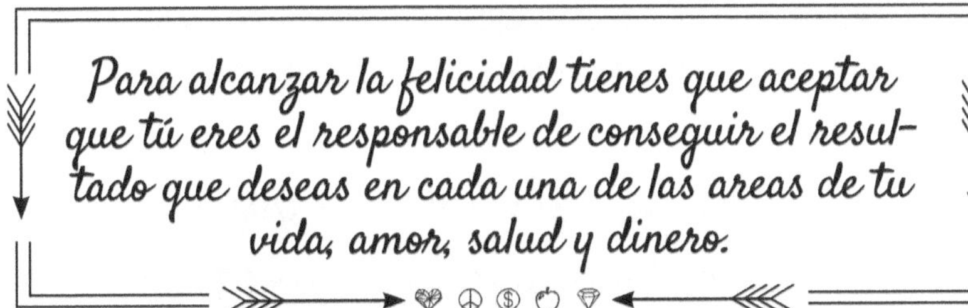

Cuando asumes la responsabilidad de quién eres de verdad, te abrazas y confías en tu potencial interior y en todo lo bueno que hay ahí fuera esperando por ti.

Puede que la vida no te haya sido muy favorable hasta ahora, pero permíteme que te diga que estás en una excelente posición para comenzar de nuevo. Eres experto en detectar cómo no deben hacerse las cosas. Cuando tú sabes en lo que has errado, no lo repetirás en el futuro y te acercarás cada vez más al éxito.

Responsabilizarse de nuestros pensamientos, emociones y acciones es primordial para dejar a un lado el sufrimiento.

Cuando fui consciente de que la solución para dejar de sufrir no estaba en culpar a los demás, sino en tomar acción y asumir los fracasos como un aprendizaje o un túnel que me conducía a los anhelos de mi corazón, mi vida cambió para siempre y mis deseos empezaron a estar más cerca.

Este fue uno de los cambios más transformadores y decisivos que ocurrió en mi vida. Sentí la verdadera libertad. Fui totalmente consciente de que el rumbo de mi destino lo decidía yo y no los demás.

Y así empecé a descubrir el Verdadero Valor interior que TODOS tenemos y que lo bueno que hay en la vida solo está a un paso de conseguirlo. ¡Es tu decisión darlo o no!

Empodérate, lucha por lo que quieres, siéntete como un súper héroe capaz de solucionar todos los incidentes de la vida gracias a sus poderes. ¡Decide ya vivir la vida que deseas!

> *"Ayer fui inteligente y quise cambiar el mundo. Hoy soy sabio y voy a cambiarme a mí mismo".*
>
> RUMI

Empieza a verte como el protagonista de tu vida en lugar de ser el observador y la víctima, donde cada día hallas la excusa perfecta para caer en el conformismo y en la autocomplacencia.

Cuando empieces a ser consciente de que eres el responsable de todo, empezarás a entender que, en efecto, tú lo controlas todo.

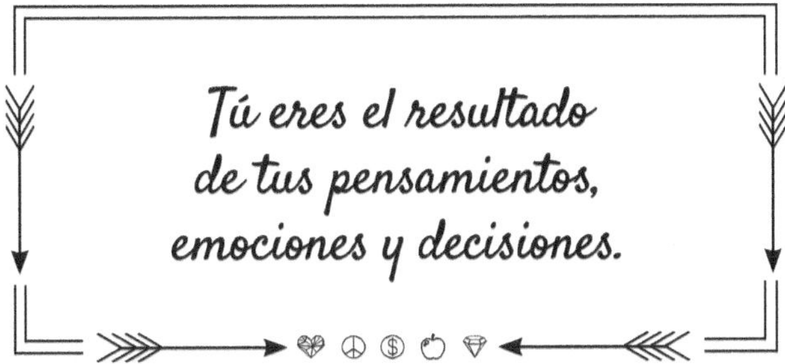

Para ir cambiando tus creencias y pensamientos repite, las siguientes afirmaciones varias veces al día o, al menos, una vez por la mañana. Si es posible hazlo delante de un espejo.

✦ Yo soy responsable de mi felicidad.

✦ Yo soy dueñ@ de mi vida, de mis pensamientos, emociones y acciones.

✦ Miro de frente al miedo y lo transformo en acción.

✦ Yo soy valios@ y dign@ de una vida maravillosa.

✦ Yo soy responsable de cambiar mi vida y lo hago ahora.

✦ Yo creo mi propio destino.

✦ ✦ ✦

Si necesitas ayuda para poner en práctica este ejercicio, por favor envíame un correo electrónico a <u>TUVERDADEROVALOR@GMAIL.COM</u> y estaré encantada de poder ayudarte.

Hazlo diariamente hasta interiorizar esta forma de concebir y relacionarte con la vida. Recuerda que tus creencias llevan años instaladas en tu subconsciente y, por tanto, necesitas muchas repeticiones para cambiarlas y reforzarlas.

LA RESPONSABILIDAD Y LOS NIÑOS

Todos los niños deben aprender la responsabilidad que acarrean sus acciones.

Que las personas asuman las consecuencias de sus actos desde pequeñas es fundamental para evitar que de adultas no culpabilicen a los demás de sus problemas y fracasos y puedan caer así en el victimismo y sufrimiento.

En ocasiones he visto a padres que, cuando su hijo pequeño se golpea con algo, le echan la culpa al obstáculo con el que chocan diciendo frases como "puerta tonta" o "mesa mala". No son conscientes del daño que le están haciendo a la programación de su mente.

Estos niños crecerán con la convicción de que cuando algo malo les pase, fruto de sus propias acciones y decisiones, deberán buscar alguien a quien culpar para librarse de responsabilidades.

Asumir la responsabilidad de sus decisiones les hace sentir más seguros y comprender mucho mejor las consecuencias de sus actos.

¿Cuántas veces le hemos explicado a un niño que no haga algo que es malo para él y, sin embargo, nos desobedece y acaba haciéndolo? Pues bien, cuando por fin observa los efectos negativos que ha conllevado su conducta enseguida comprende el porqué de tu advertencia.

La mejor manera de que los peques entiendan que no deben hacer algo es dejarles que lo hagan para que sean conscientes de los resultados de sus actos y decisiones.

Hace unos días, mientras bañaba a mi hijo, él me insistió en que quería meter en el agua un muñeco eléctrico que habla. Le expliqué varias veces que si lo hacía el muñeco se estropearía y dejaría de hablar. Sin embargo, él seguía sin razonar e insistía en querer sumergirlo. Me fui a buscar una toalla, y al regresar al aseo me dijo:

-Mamá, ahora entiendo todo lo que me has explicado antes. He metido el muñeco en el agua y ahora no habla.

> *"Los mejores regalos que puedes dar a tus hijos son las raíces de la responsabilidad y las alas de la independencia".*

Denis Waitley

Los niños imitan a los adultos. Así que, el desarrollo de su capacidad de actuar de forma responsable depende del contexto o ambiente -familia, escuela, barrio, etc.- que le rodea. Por tanto, es muy importante que los padres tengamos un comportamiento responsable con nuestros actos y decisiones.

Así que, a partir de hoy mismo, asume toda la responsabilidad de lo que posees en tu vida. Tú eres el encargado de tomar uno de los dos caminos, el del éxito o el del fracaso. La felicidad o la infelicidad. ¡Es tu decisión! ¿Y sabes qué? Que tienes las mismas posibilidades de seguir uno u otro.

¿Cuál eliges?

Espero que hayas decidido escoger el sendero del éxito, de la felicidad, del triunfo y de la victoria. ¡Sin duda es el correcto!

Y ahora que has eliminado tus comportamientos de victimismo, ha llegado la hora de perdonar…

PERDONA Y
Suelta
Lastres

*"El que es incapaz
de perdonar es
incapaz de amar".*

MARTIN LUTHER KING

Hay personas que no perdonan porque piensan que si lo hacen librarán de culpa al otro. Pero, en realidad, quien más sufre es el que no sabe perdonar.

El perdón es una potente herramienta para soltar las piedras que cargamos en nuestra mochila.

Así que suelta tus piedras de rencor, odio y amargura y aniquila la energía tóxica que se deposita en tu cuerpo.

No hacerlo implica que el dolor se quede en tu interior, convirtiéndose en una especie de cuchillo afilado y descontrolado capaz de causarte mucho daño.

Su valor curativo está demostrado: perdonar disminuye la ansiedad, alivia la depresión, calma los episodios de ira y aumenta la autoestima.

El perdón supone liberar nuestra resistencia a la energía positiva. El perdón no significa que estés de acuerdo con lo ocurrido, sino olvidar lo que sucedió y aceptarlo como un aprendizaje tanto para ti como para la persona a la que perdonas. Así podrá aprender una gran lección de humildad y valores humanos, transformando su interpretación de lo sucedido.

No quiero que pienses que soy frívola ni mucho menos. Sé que el dolor que causa un acontecimiento muchas veces es inevitable. Yo lo viví y reviví varias veces sin permitir que el perdón entrase en mi vida.

Sin embargo, ahora no le concedo el poder de instalarse en mi existencia, porque sé que una vez lo haga es difícil que se marche y terminará nutriendo a mis pensamientos y sentimientos. Sería como seguir alimentándose de comida podrida, ¿tú lo harías?

A continuación, te voy a explicar un ejercicio de perdón que comencé a realizar hace un tiempo y me resulta muy liberador.

Escribe un incidente emocional que hayas tenido en el pasado con otra persona. Luego describe lo ocurrido desde el punto de vista del otr@.

Después, apunta las fortalezas que te ha dejado esta situación: te sientes más fuerte, has aprendido que no quieres volver a repetirla, has encontrado un nuevo sentido a tu vida, has empezado a conocerte mejor, etc.

Con toda esta información redacta una carta que empiece: "Por tu culpa…" en la que reflejes todo el aprendizaje y crecimiento que has obtenido fruto de las vivencias con esa persona.

La segunda parte del ejercicio consiste en escribir los motivos por los cuales perdonas a la otra persona. Puede que recuerdes los momentos de ira y dolor que te ha hecho pasar y te sientas incapaz de hacerlo. Es normal. Yo también me siento así, pero a medida que voy escribiendo, me libero y brotan los motivos por los que siento que tengo que perdonar. Incluso razones que creía haber olvidado y perdonado, pero si surgen duelen y sano al escribirlos.

Para terminar la carta, elabora una lista de agradecimientos con las cosas buenas que te haya proporcionado esa persona. Esta parte te sorprenderá, pues fácilmente llegarás a un listado de veinte puntos. Esto ocurre porque cuando no perdonamos solo vemos lo negativo que nos ha dado esa persona.

Repite este mismo formato de carta durante tres días, no más, pues corres el riesgo de enfocarte demasiado en el problema… ¡y a los problemas no hay que darles energía!

Haz este ejercicio con cada situación o persona a la que necesites perdonar e incluso contigo mismo.

♦ ♦ ♦

SI NECESITAS AYUDA PARA PONER EN PRÁCTICA ESTE EJERCICIO, POR FAVOR ENVÍAME UN CORREO ELECTRÓNICO A <u>TUVERDADEROVALOR@GMAIL.COM</u> Y ESTARÉ ENCANTADA DE PODER AYUDARTE.

Cuando termines la primera misiva observa cómo te sientes. Yo me siento energética y al mismo tiempo muy ligera, como si me hubiese quitado veinte kilos de encima. Incluso llego a pensar que me falta algo.

Igual te suena raro pero, te digo desde el corazón, que hoy me siento muy agradecida a la vida por todas las situaciones difíciles que me han tocado vivir. Los obstáculos me han permitido llegar donde estoy y cumplir uno de mis sueños: escribir para contribuir a la construcción de un mundo con personas libres, felices, maravillosas, ilusionadas y exitosas.

Recuerda que el pasado no se puede cambiar, pero tú tienes el poder de decidir la forma de responder ante una situación de dolor.

Si lo ves todo negativo, haz el esfuerzo de buscar formas positivas de pensar. Habla contigo mism@ y escribe todo lo que te dicta tu diálogo interno.

Desde hace más de 30 años, el profesor de psicología de la Universidad de Texas, James Pennebaker, estudia el poder terapéutico de la escritura.

Sus diversos estudios demuestran que el ejercicio de expresar pensamientos y sentimientos de forma escrita puede ayudar a quienes experimentan síntomas de ansiedad o los estragos de una tragedia personal, como podría ser la pérdida de un ser querido o una depresión fuerte.

Otras investigaciones también han demostrado el mismo efecto positivo sobre personas que padecían cáncer y dolor crónico, entre otras dolencias. Aquellos que escriben sobre sus problemas se sienten en general más felices, duermen mejor e incluso obtienen mejores calificaciones.

Pennebaker dice que apuntarlo todo en un papel contribuye a que nos obliguemos a ordenar los pensamientos de forma coherente, para dar sentido a las cosas. Necesitamos que nuestra mente asigne un significado a lo que ha ocurrido para que, finalmente, esta pueda descansar.

El prestigioso psicólogo explica lo siguiente:

"Los trastornos emocionales afectan a todas las áreas de nuestra vida. No solo pierdes un trabajo, un ser querido o no solo te divorcias, sino que estos desordenes influyen en cada uno de los aspectos de nuestra existencia: la situación financiera, las relaciones con los otros, los puntos de vista que tenemos de uno mismo, los problemas… Escribir ayuda a enfocarse y a organizar la experiencia".

Así pues, te invito a escribir todo lo que sientes que tienes que liberar. No te fijes en la sintaxis ni en la ortografía, ni tampoco en si lo que estás redactando puede ser entendido por alguien más. Esto es únicamente para ti.

¡Escribir repara tus emociones y te libera de muchísimas piedras que llevas tiempo cargando en tu mochila!

El único que puede intervenir en tus sentimientos eres tú. Si estás constantemente reviviendo el dolor de lo sucedido estarás otorgando el poder a la persona que te hirió.

Perdonar es sanar las emociones y pensamientos, y te permite desatar todo el enfado, rencor y odio que llevas dentro. Es curar las heridas interiores y soltar resentimientos de dolor. Es hacer las paces con uno mismo y con los demás. Es empoderarse para avanzar y llevar a cabo todas las acciones que deseas.

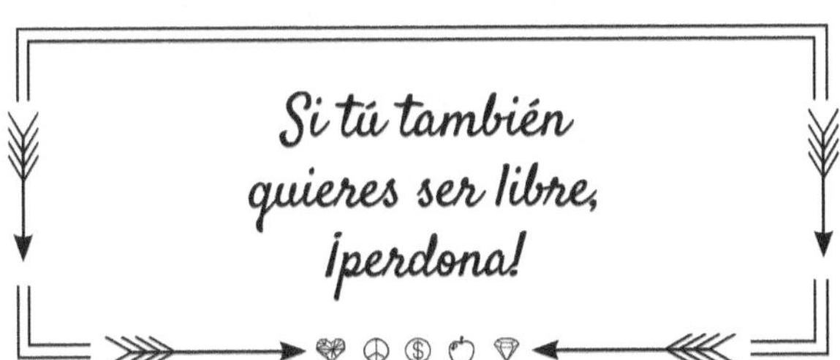

El verdadero perdón significa dejar atrás el enfado y no enfocarnos en esa dirección, permitir que se marche y que no se introduzca de nuevo en nuestra vibración. En caso contrario, atraeremos lo mismo una y otra vez. ¿Sabes que las vibraciones similares se atraen? Te lo explicaré más adelante.

CREENCIAS:
Eres lo
que crees
que eres

"Todos los avances personales comienzan con un cambio en nuestras creencias".

ANTHONY ROBBINS

"Si crees que puedes, tienes razón. Si crees que no puedes, también tienes razón".

HENRY FORD

Llegamos a este mundo con la mirada llena de ilusión, creyendo en la magia de que todo es posible y que podemos obtener todo lo que deseamos y en lo que creemos.

Pero un día empezamos a escuchar a nuestros padres diciendo lo que es correcto y lo que no, lo que es posible e imposible. El sistema educativo también nos etiqueta y, si te sales de los parámetros normales, te tachan de fracasado.

Desde el día en que nacemos empezamos a impregnarnos de todos los mensajes que recibimos, tanto conscientes como inconscientes, procedentes de todas las personas que nos rodean.

Y es así como los padres, la familia, los amigos, profesores y el entorno comienza a condicionarnos la vida. Actuamos de acuerdo con lo que nos han transferido, pensando que encajar en el molde social en el que nos han metido es la única y la mejor opción para nosotros.

El entorno familiar y social va sembrándonos semillas en forma de palabras, experiencias y acontecimientos, que paulatinamente van enraizando en nuestro subconsciente para después generar los frutos, es decir, nuestros valores, pensamientos, emociones, decisiones y acciones.

Las raíces arraigadas en el subconsciente son las creencias. Son programas que nuestro subconsciente va grabando porque considera que serán útiles para abordar situaciones parecidas en el futuro.

Esto en un principio nos parecerá genial, ya que nos ayuda a no tener que aprender de cada experiencia como si fuera la primera vez. Pero también puede ser perjudicial cuando la creencia es contraproducente y nos limita.

Nuestras creencias son consecuencia de las generalizaciones de nuestro pasado y se basan en interpretaciones de experiencias dolorosas y placenteras anteriores.

Como ya habrás imaginado, las creencias son el centro de nuestro ser. Son convicciones y opiniones sobre nosotros mismos y sobre el mundo que nos rodea. Son órdenes para nuestro cerebro. Así que pueden limitarnos o potenciarnos.

¿Con qué opción te quieres quedar?

Las creencias potenciadoras mejoran nuestra autoestima y confianza, ya que básicamente se encargan de ayudar a reforzar nuestras capacidades y acciones. Sin embargo, las limitantes nos incapacitan para pensar o actuar de determinada manera ante una situación concreta. Son programas que se quedan instalados en nuestro interior y, consciente o inconscientemente, actuamos de acuerdo a ello.

> *Las creencias son como el combustible de nuestra vida. Nos proporcionan muchísima potencia si son positivas, pero serán devastadoras cuando limiten nuestros pensamientos y acciones. Tienen el poder de crear y de destruir.*

Durante años yo me sentía inferior a los demás; insegura, rara, incomprendida, triste y víctima de las circunstancias. No era consciente de que lo que sentía era fruto de las vivencias grabadas en mi subconsciente desde mi infancia.

Recuerdo que mis padres siempre se quejaban de la vida que tenían y que, para ellos, los demás siempre eran mejores en todo: tenían mejores hijos, mejores casas, mejores coches, mejor familia, más dinero, etc. A partir de estos mensajes se han creado mis creencias y, de forma consciente o inconsciente, han influido en mis decisiones o, mejor dicho, en la falta de ellas.

Supongo que en este momento estarás pensando en lo que te decían tus padres, tu familia, profesores, compañeros del colegio o incluso amigos, cuando eras pequeño.

Si no lo has hecho, <u>hazlo ya</u> y te darás cuenta de que en muchas ocasiones has actuado como lo hacía tu madre, tu padre, alguien de tu familia o alguno de tus amigos.

Con esto no quiero decir que lo que hiciste fuera incorrecto o correcto. Lo que quiero que comprendas es que debes resetear tus creencias, olvidar el pasado, perdonar y asumir el 100% de responsabilidad de tu situación actual para empezar a construir la vida que siempre has soñado.

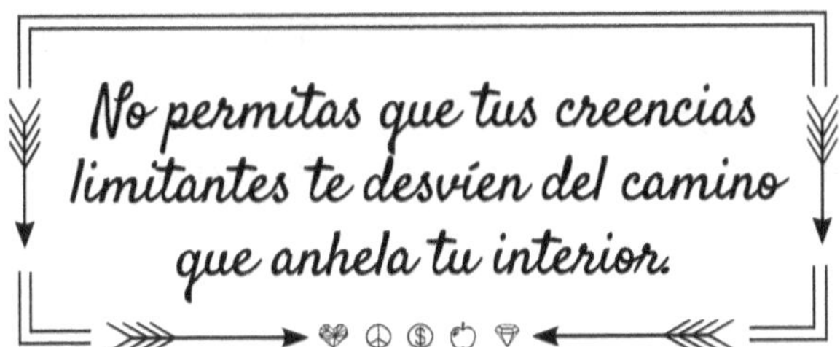

Así que, te invito a reflexionar sobre tus creencias, ya que son el factor clave que determinan nuestros sentimientos y comportamientos porque forman parte de nuestro diálogo interno y dan forma a nuestra vida.

Puede que a veces no sea fácil identificarlas y transformarlas en potenciadoras, por eso te voy a explicar un método que yo misma utilizo a menudo. Con este ejercicio consigo ser consciente de las creencias que me llevan a tener buenos resultados y a debilitar las que me limitan.

Escribe las tres áreas de tu vida: Amor, Dinero y Salud. Ahora, de acuerdo con el grado de satisfacción que consideras que tienes actualmente en tu vida, puntúa cada una de ellas del 1 al 10, siendo 1 muy bajo y 10 excelente.

¡Bien! ¿Ya lo has hecho? Por favor, no lo dejes.

Esto te ayudará a identificar tus creencias y saber si te están limitando o potenciando. Es como saber si tu coche tiene un motor potente o débil. Si es débil tardarás mucho tiempo en llegar a tu destino o incluso puede que no tenga suficiente potencia y el vehículo siempre se quede por el camino. En cambio, con uno potente tienes la certeza de que llegarás y, además, en poco tiempo.

A continuación, observa el resultado y vuelve a reflexionar sobre la puntuación que has escrito para cada una de las áreas ¿Estás conforme? Puede que la calificación haya estado influenciada por tu estado de ánimo o por algún acontecimiento puntual que te haya sucedido ese día.

Una vez que hayas corregido la puntuación, selecciona el área mejor calificada y piensa en las creencias que tienes para que hayas obtenido ese resultado en tu vida. Escríbelas y siéntelas. Por ejemplo, si el área con mejor puntuación es la salud, piensa qué creencias te han ayudado a darle la mejor nota. Lo más probable es que una de ellas sea que si tienes buenos hábitos de alimentación, pensamientos positivos y un hábito de ejercicio regular, alejas la enfermedad y te sientes lleno de vitalidad.

Ahora que ya has identificado todas las creencias potenciadoras de tu área de éxito, piensa cómo podrías aplicarlas en los ámbitos en lo que has obtenido menos puntuación.

RECUERDA QUE SI NECESITAS AYUDA PARA PONER EN PRÁCTICA ESTE EJERCICIO, POR FAVOR ENVÍAME UN CORREO ELECTRÓNICO A <u>TUVERDADEROVALOR@GMAIL.COM</u> Y ESTARÉ ENCANTADA DE PODER AYUDARTE.

<u>Escribe</u> las creencias que te limitan en el/las área(s) de poco éxito. A continuación transfórmalas en potenciadoras, apuntando afirmaciones positivas de aquello que quieres obtener.

Por ejemplo, si el área que estás analizando es la del dinero es muy probable que una de las creencias que poseas sea que "si eres rico eres mala persona" o "la riqueza solo se obtiene de negocios oscuros" o "el dinero no nace de los árboles".

En este caso debes convertir estas creencias en potenciadoras y escribir afirmaciones tales como:

> 💰 "Amo el dinero y el dinero me ama"
> 💰 "El dinero es bueno y hermoso"
> 💰 "El dinero fluye hacia mí fácilmente"
> 💰 "El éxito financiero es mío y lo acepto ahora mismo"
> 💰 "Cuanto más disfruto la vida, más dinero produzco"

En mi caso, como te conté anteriormente, una de mis creencias era que el dinero solo genera problemas. Cuando hice el ejercicio que te estoy explicando, percibí de dónde venía y cuál era la creencia que me estaba limitando a conseguir riqueza en mi vida.

Mis padres siempre han discutido mucho por falta de dinero. Recuerdo que yo lo odiaba, estaba harta de tanta pelea.

Cuando era niña me preguntaba si el dinero era tan valioso como para generar tantas discusiones. Empecé a verlo como un problema en mi vida, como un enemigo; como el responsable de las riñas de mis padres.

Durante mucho tiempo acepté y me acomodé a esta creencia, sin cuestionarla. Solo quería tener un poco de dinero para vivir desahogada, con eso era suficiente.

El día que fui consciente de que esa creencia estaba limitando casi toda mi existencia… ¡fue impactante! Encontré la llave para obtener dinero sin problemas: ¡simplemente tenía que transformar mi creencia con respecto a él! Y eso hice, empecé a repetir afirmaciones positivas relacionadas con el dinero y a analizar el recorrido de personas de éxito que antes de lograrlo eran absolutamente normales. Exitos@s y millonari@s que en el pasado también habían tenido creencias limitantes y al modificarlas, se convirtieran en personas triunfantes.

Fue como ir excavando y excavando, apartando la tierra que ya no me interesaba y al final de todo, ¡encontré la llave de mi tesoro!

Así fue como fui descubriendo que todos, sin excepción, tenemos un potencial mucho más poderoso de lo que imaginamos y que si no lo lucimos y pulimos no brillaremos. Pasaremos la vida quejándonos de que no podemos hacer esto o lo otro, cuando en realidad tenemos la opción de conseguir todo lo que deseamos, solo hay que cambiar a nuestro favor la programación del subconsciente, las creencias.

Insisto, te invito a que pongas en práctica este ejercicio para eliminar de tu subconsciente las creencias que te atrapan y obtener el máximo beneficio de las positivas. Recuerda que, si no lo haces, ¡tu pasado se seguirá repitiendo en tu futuro!

Cuando entiendes cuál es el origen de tus creencias limitantes comprenderás que estas proceden de fuera de ti, por lo que es más fácil separarte de ellas. Piensa que una creencia es un archivo de información que quedó guardado en tu mente. Tú decides si la quieres seguir archivando o borrarla de tu vida.

Si es limitante y la guardas, entonces tu subconsciente no estará alineado con lo que deseas y te llevará en otra dirección. Sin embargo, si es una creencia potenciadora seguro que esta te activará y llegarás a los objetivos deseados. Por eso es tan importante que seas consciente de tu **Verdadero Valor** y **creas en ti**.

TUS CREENCIAS DETERMINAN TU DESTINO

En este apartado te hablaré de dos personas. Una que ha arruinado su vida y otra que ha logrado ser una de las más exitosas del mundo. Lo que tienen en común es que ambas lo han logrado con sus creencias.

Érase una vez un hombre que vivía muy cerca de un importante cruce de caminos. Todos los días a primera hora de la mañana llegaba hasta allí donde instalaba un puesto en el que vendía bocadillos que él mismo horneaba.

Era sordo, por tanto no escuchaba la radio, y tampoco veía muy bien. Nunca leía periódicos ni veía televisión, pero hacía exquisitos bocadillos.

Meses después alquiló un terreno, levantó un

gran letrero de colores y se dedicó a pregonar su mercancía gritando a todo pulmón: "¡Compre deliciosos bocadillos calientes!". Y la gente compraba cada día más y más.

Como aumentaron sus ventas, decidió alquilar un terreno más grande y mejor ubicado. La gente cada vez compraba más y más. Su fama iba en aumento y al estar más atareado llamó a su hijo, un importante empresario de una gran ciudad, para que le ayudara a llevar el negocio.

A la llamada del padre, el hijo respondió: "¿Pero papá, no escuchas la radio, ni lees los periódicos, ni ves la televisión? Este país está atravesando una gran crisis, la situación es muy mala, no podría ser peor".

El padre pensó: "Mi hijo trabaja en una gran ciudad, lee los periódicos y escucha la radio, tiene contactos importantes... debe saber de lo que habla".

Así que revisó sus gastos y disminuyó la compra de cada uno de los ingredientes, dejando de promocionar su producto. Su fama y sus ventas comenzaron automáticamente a caer semana a semana.

Tiempo después, desmontó el letrero y devolvió el terreno. Aquella mañana llamó a su hijo y le dijo: "¡Tenías mucha razón, verdaderamente estamos atravesando una gran crisis".

La creencia es una orden directa al sistema nervioso y, cuando piensas que algo es verdad, se convierte en tu realidad y en tu actuación.

Tus pensamientos y emociones determinan tus acciones y estas decretan tus resultados. ¿Qué hace el subconsciente con los resultados que obtenemos? Los graba, guardándolos como una creencia.

Cuando tenemos archivado un resultado negativo y surge una situación similar, las creencias aparecen de inmediato y enseguida piensas "te lo dije, esto no funciona". Entonces dejarás de actuar.

Por ejemplo, cuando piensas que tienes poco potencial para ganar dinero, tus emociones serán nulas y, tus acciones para conseguirlo, pocas o ninguna.

¿Y tus resultados, cómo serán? ¡Míseros!

¿Qué te llevarán a creer? Que has fracasado, que eso no funciona, etc.

Y, ¿qué pasa cuando esto sucede?

Inmediatamente compruebas cómo tu potencial disminuye y te sientes mal con pensamientos y emociones negativas. En consecuencia haces menos y obtienes peores resultados. En cambio, tu creencia es cada vez más y más fuerte. Por este motivo, muchas veces parece que tu vida va de mal en peor ¡Es un ciclo que se retroalimenta!

¿Te suena todo esto?

Pero, ¿qué pasaría si algo te llenara de absoluta certeza, si supieras de verdad que puedes hacerlo o si una necesidad te llevara a esa convicción? Pues que harías todo lo que estuviera a tu alcance y eso te conduciría a grandes resultados. Entonces, tu mente te diría "¿Ves? Te dije que podías, que eras capaz de lograrlo".

Esto reforzará tu autoestima y tu potencial irá mejorando, lo que optimizará tus acciones y resultados. Y así sucesivamente.

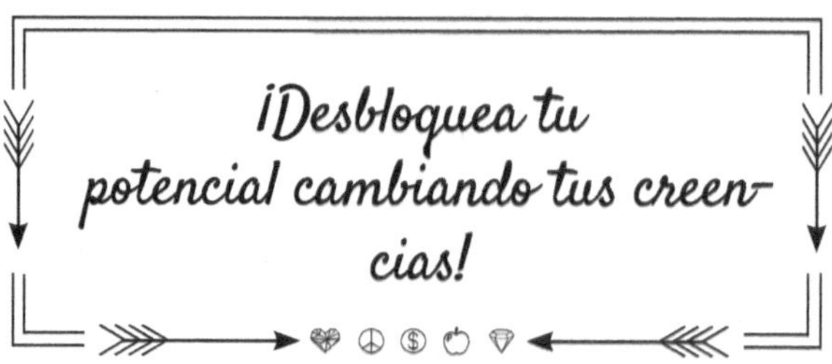

Cuando modificas tus creencias sobre los resultados que vas a obtener, tu potencial se eleva, tus sentimientos positivos afloran y tus acciones generan avances hacia tus sueños. Estos generarán o reforzarán tus creencias y, en consecuencia, tu potencial. Y con un alto potencial conseguirás resultados extraordinarios.

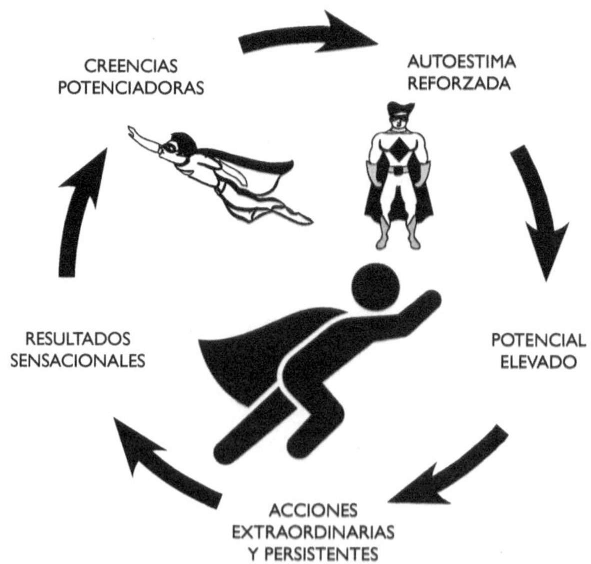

¿Entiendes ahora mejor la razón por la cual tú eres el responsable de la vida que tienes?

¿Conoces la historia de superación de Arnold Schwarzenegger antes de convertirse en uno de los actores más conocidos de Hollywood?

Este es el segundo relato de vida que quiero compartir contigo. Es un ejemplo de motivación de alguien que ha superado muchos obstáculos desde que era joven gracias a sus indestructibles creencias. Continuamente la gente le decía que no podría hacer las cosas que se proponía pero, sin embargo, él ha conseguido todas sus metas.

Con tan solo 14 años cogió por primera vez unas pesas, inspirándose en planes de entrenamiento de revistas de Reg Stark y Steve Reeves para, algún día, llegar a ser como ellos. Muchos se reían de él, y le decían que estaba soñando con los ojos abiertos.

Sus padres no veían su empeño con buenos ojos, pues querían que fuese policía. Y por ello le mandaron al servicio militar.

Pero él estaba dispuesto a salir de allí y sabía que el culturismo era el único camino que le podría llevar a América, a la que consideraba la tierra de las oportunidades. Así que, después de realizar el servicio militar desertó y empezó a participar en diferentes concursos europeos de la disciplina que le apasionaba, en la que alcanzó el éxito ganando dos títulos de Mr. Universo.

A pesar de lo que la gente podía pensar de él, Schwarzenegger quería convertirse en el mejor culturista del mundo. Para ello, cuando tenía 21 años se fue a Estados Unidos a participar en el concurso Mr. Olympia.

En 1969 se presentó por primera vez, pero no consiguió ganar debido a que su competidor poseía una mejor definición en las piernas. Entonces, decidió entrenar al máximo para mejorar esa parte de su cuerpo. Después de esto, Arnold Schwarzenegger se alzó con el título que le proclamaba como el mayor culturista del planeta durante los siguientes seis años. En ese preciso momento, anunció su retirada.

Pero cinco años después de marcharse, Arnold estaba entrenando tan fuerte para su papel en *Conan el Bárbaro* que decidió volver a presentarse. Lo mantuvo en secreto y, finalmente, se proclamó ganador del concurso Mr. Olympia por séptima vez con apenas dos meses de preparación.

Cuando se propuso ser actor la gente le decía que tenía un cuerpo gigante y un nombre impronunciable y, además, los iconos del cine eran Dustin Hoffman, Al Pacino o Woody Allen, entre otros. No obstante, él no les prestó atención; luchó por lo que quería y actualmente ha participado en más de cincuenta películas.

> *"La mente es el límite. Mientras que la mente puede imaginar el hecho de que puedas hacer algo, lo puedes hacer, siempre y cuando realmente lo creas cien por ciento".*
>
> ARNOLD SCHWARZENEGGER

El culturista y actor siempre luchó por sus sueños sin importar lo que decían las voces ajenas. Él solo escuchaba los deseos de su propia alma, era la única voz que le motivaba a seguir adelante con su propósito.

Ahora llegó tu momento, despierta ya de la pesadilla que estás viviendo y deja de escuchar voces ajenas. Saca la cabeza de la tierra y acepta que no estás sometido a las circunstancias de la vida. Que eres un ser que tiene todas las habilidades y capacidades para llevar a cabo los deseos que te dicta tu corazón.

> *"Todo aquello que la mente humana puede concebir y creer se puede alcanzar".*
>
> NAPOLEÓN HILL

El biólogo estadounidense Bruce Lipton hizo un experimento con tres grupos de células genéticamente iguales. Colocó cada una de ellas en una placa, cambiándoles el medio de crecimiento y los componentes del ambiente. Al tiempo verificó que en una placa se había formado hueso, en la otra músculo y en la última grasa.

¿Qué fue lo que controló el destino de cada una de ellas si eran genéticamente idénticas? El entorno ha sido el factor que determinó el destino de cada una de esas células. Eso demuestra que los genes no lo controlan todo, pero el ambiente sí.

La diferencia entre una célula y el ser humano es que este tiene una mente que hace una interpretación, mientras que la primera lee el entorno directamente. Es el ser humano el que controla su cuerpo dependiendo de cómo interpreta el ambiente y de cómo su mente lo percibe.

Lipton afirma que solo el 2% de las enfermedades derivan de los genes y que, cambiando nuestras creencias y pensamientos, somos capaces de revertir una enfermedad.

Quiero enseñarte los resultados de un experimento científico que explica muy bien el modo en el que actuamos en nuestra vida la mayoría de veces:

Un grupo de científicos encerró a cinco monos en una jaula y colocó en el centro una escalera y, sobre ella, un montón de plátanos. Cuando uno de los monos subía la escalera para agarrar los plátanos los científicos lanzaban un chorro de agua fría sobre los que se quedaban en el suelo. Pasado algún tiempo, los animales aprendieron la relación entre la escalera y el agua, de modo que cuando un mono iba a subir la escalera los otros le pegaban. Después de haberse repetido varias veces la experiencia, ningún mono osaba subir la escalera, a pesar de la tentación de los plátanos. Entonces, los científicos sustituyeron a uno de ellos por otro nuevo.

Lo primero que hizo el novato nada más ver los plátanos fue subir la escalera. Los otros, rápidamente, le bajaron y le pegaron antes de que saliera el agua fría sobre ellos. Después de algunas palizas, el nuevo integrante del grupo nunca más quiso subir.

Un segundo mono fue suplantado y ocurrió lo mismo con el que entró en su lugar. El primer sustituido participó con especial entusiasmo en la paliza al nuevo. Un tercero fue cambiado, y se repitió el suceso. El cuarto y finalmente el quinto de los monos originales también fueron sustituidos por otros distintos. Los científicos se quedaron con un grupo de cinco monos que, a pesar de no haber recibido nunca una ducha de agua fría, continuaban golpeando a aquel que intentaba llegar hasta los plátanos.

Si fuera posible preguntar a alguno de ellos por qué pegaban con tanto ímpetu al que subía a por los plátanos, con certeza la respuesta: "no lo sé, aquí las cosas siempre se han hecho así".

Muchas de nuestras decisiones son así. Poseemos creencias en nuestro interior que no cuestionamos y tampoco cambiamos; lo único que hacemos es imitar las acciones o la falta de ellas de los demás. Esto nos impide avanzar.

Pero la buena noticia es que tú ya sabes que si cada día eliges la victoria, el éxito y la felicidad, ¡eso es lo que tendrás! Si en cambio prefieres seguir en la pequeñez, miseria y tristeza, eso obtendrás. ¡Decide bien!

¡Acompáñame y te daré más herramientas para alcanzar todo lo bueno en la vida!

¿QUIÉN CONTROLA TU VIDA, tú o tu mente?

"Cualquier idea, plan o propósito puede ser colocado en la mente gracias a la repetición del pensamiento".

Napoleón Hill

Si te formulas esta pregunta la inercia te llevará a contestar "quien controla mi vida es mi mente, por más que quiera no consigo dominarla". Pero de verdad, ¿eso es lo que quieres?

¿Crees que te está llevando por el camino que realmente deseas?

¿Estás obteniendo lo que anhelas?

Algunas personas solo se preocupan por su estado físico, sin tener en cuenta que el mental es primordial para obtener un cuerpo pleno de energía y una vida repleta de amor y abundancia económica.

Te parecerá evidente, pero para alcanzar tus sueños debes dominar el poder de tu mente. Y para conseguirlo, debes tener en cuenta su propia existencia, así como ser consciente de hacia dónde te está empujando.

Si realmente sabes que la mayoría de las veces tu vida va a la deriva, con tu mente como piloto, entonces debes pensar seriamente en cambiarla y controlarla.

Hacerlo es una opción que solo tú puedes tomar.

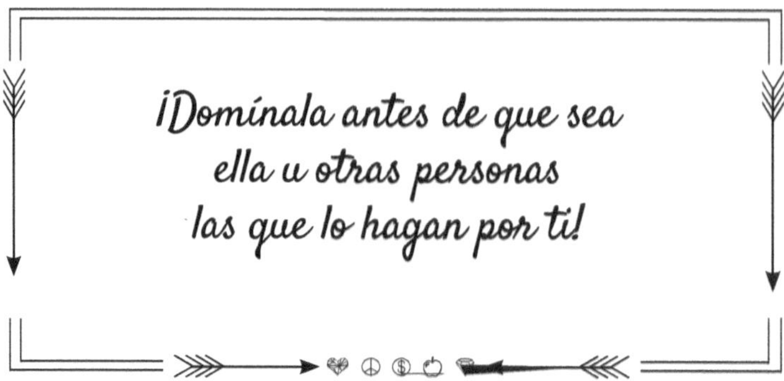

¿Y cómo la puedes dominar?

Reprogramando su parte subconsciente.

El subconsciente siempre está captando información, incluso cuando estás sentado sin hacer nada o durmiendo. Por este motivo es el responsable del 90% de nuestras decisiones y acciones, ¡del 90% de nuestra existencia!

Es el lugar donde se almacenan todos los recuerdos que hemos vivido y juega un papel muy importante en los pensamientos, decisiones y acciones.

Por ello es necesario generar pensamientos positivos que puedan grabarse en el subconsciente y empiecen a actuar en beneficio de lo que deseamos conseguir.

Su información principal la recibimos en los primeros seis años de vida. Eso que absorbemos se convierte en creencias y así se inicia el ciclo: las creencias generan los pensamientos, estos las emociones y, en consecuencia, se generan unos resultados.

EL PODER
DE LA MENTE

A la hora de comprender el funcionamiento de la mente es importante conocer cómo actúa su parte consciente y su parte subconsciente.

La mente consciente es la que percibimos como más activa, la que se ocupa de analizar y tomar decisiones de forma racional. Es la que se ocupa de la razón, de la crítica y de la lógica. La que nos permite pensar o hacer una o tres cosas a la vez.

Todo esto parece genial, pero debemos compararla con la subconsciente, que origina cerca de los 55.000 pensamientos que tenemos al día -el 90% de los 60.000 diarios que procesa el cerebro humano-. Estudios científicos han revelado que el 94% de esos pensamientos se repiten y que ¡el 80% son negativos!

Además, el subconsciente es un procesador de información un millón de veces más rápido que la mente consciente, y entre el 95% y el 99% del tiempo utiliza la información ya almacenada desde nuestra niñez como un referente.

Por eso, cuando decidimos algo conscientemente, como ganar más dinero, si nuestro subconsciente contiene información que dictamina que es muy difícil ganarse la vida, no lo conseguiremos.

Así que, ¡es muy importante tener bien programado el subconsciente!

El Dr. Bruce Lipton afirma que hay diversos estudios que demuestran que las enfermedades que tenemos de adultos, como el cáncer, están relacionadas con la programación y el entorno que vivimos en los primeros seis años de vida.

Desde el nacimiento hasta esta edad, el cerebro humano trabaja sobre todo desde el subconsciente. Los niños tienen poco desarrollado el pensamiento crítico y racional, predominando en ellos el mundo de lo abstracto y de la imaginación. Por este motivo tienden a creer lo que les decimos, como por ejemplo que Papá Noel y los Reyes Magos existen.

Todos sabemos que los pequeños son auténticas esponjas y, en este caso, la esponja que lo absorbe y guarda todo es su subconsciente

"Eres malo", "los niños no lloran", "los niños buenos están calladitos", "tu hermano es más inteligente que tú", "no puedes hacer esto", "serás un fracasado", "si no comes no te quiero", etc. son afirmaciones que van directamente al subconsciente y se consolidan en forma de creencias.

Creencias que determinarán en un 90-95% su comportamiento y su forma de interpretar la realidad en la edad adulta, generando falta de autoestima, depresiones, victimismo, etc.

Así que, si tienes niños a tu cargo, evita estas manifestaciones porque ellos se las creerán. Ten mucha paciencia y diles constantemente lo valiosos que son. Ámalos y enséñales a que se amen porque será algo que, de una manera u otra, debe estar presente a lo largo de sus vidas.

CÓMO REDEFINIR
TU DESTINO

En este momento ya serás consciente de la importancia que juega tu subconsciente en tu destino, ¿verdad?

Te invito a hacer un *reset* de las creencias grabadas en tu subconsciente e instalar otras potenciadoras que te impulsen al destino que deseas.

Los comportamientos que proceden del subconsciente no los percibimos porque los realizamos en modo automático.

¿Cuántas veces has llegado al trabajo sin recordar cómo? Ibas tan sumergido en tus pensamientos que no has necesitado de tu parte consciente para hacerlo. Pero tu subconsciente estuvo guiándote todo el tiempo, porque ya repetiste el trayecto varias veces y se quedó grabado en él.

Por tanto, la manera de reprogramar el subconsciente es repetir, repetir y repetir hasta que se crea un hábito.

> *Los hábitos te ayudan a controlar las funciones de tu mente, tus creencias, tus emociones, tus pensamientos y, como efecto, tus resultados.*

Pronuncia afirmaciones para reprogramar tu subconsciente de forma rápida y efectiva. Por ejemplo, cuando te despiertes y acuestes, hazlo refiriéndote a lo que quieres ser. Sustitúyelas por los pensamientos de preocupación que te suelen venir nada más despertarte o antes de acostarte. Recuerda que el hoy es fruto de como pensaste y actuaste ayer.

Empieza a construir las afirmaciones con "Yo soy...". Estas dos palabras te asocian a tu identidad desde el corazón y te permitirán conectar directamente con la fuente creadora, Dios, el universo, tu yo superior.

En hebreo las palabras "Yo soy" significan Yahveh, y este es el nombre que Dios utilizó para referirse a sí mismo. Cuando piensas o pronuncias "Yo soy" pones a Dios en acción. Te identificas y te sientes como un dios, un yo supremo, que puede hacer todo lo que desea en su vida.

Así que, te aconsejo que evites utilizar "Yo soy" seguido de frases negativas, porque seguro que obtendrás lo que niegas. Es la ley de la atracción que te explicaré más adelante.

¡Empieza desde ahora a reprogramar tu subconsciente y decreta todo lo que quieres ser!

Yo soy capaz de conseguir
todo lo que me proponga.
Yo soy quien maneja mi vida.
Yo soy abundancia.
Yo soy saludable.
Yo soy amor, paz y tranquilidad.
Yo soy valiente.
Yo soy alegre y optimista.
Yo soy un imán para los ingresos y
riquezas.
Yo soy un imán para las oportunidades.
Yo soy capaz de resolver cualquier
problema.
Yo soy un cuerpo bonito y sano.
Yo tengo los conocimientos que ne-
cesito para ser lo que quiera ser.
Yo soy el éxito.

✦ ✦ ✦

RECUERDA QUE SI NECESITAS AYUDA PARA PONER EN PRÁCTICA ESTE EJERCICIO, POR FAVOR ENVÍAME UN CORREO ELECTRÓNICO A <u>TUVERDADEROVALOR@GMAIL. COM</u> Y ESTARÉ ENCANTADA DE PODER AYUDARTE.

Adapta estas afirmaciones a tus deseos y empieza a construir nuevas creencias.

Y si quieres saber exactamente las que te están limitando para así construir afirmaciones que las transformen, te aconsejo que le hagas preguntas a tu subconsciente a través del test del balanceo. Como el cuerpo está siempre en coherencia con la mente subconsciente, este es un ejercicio muy fiable para conectar con tu potencial interior y saber lo que está grabado en ella.

Para empezar el test ponte de pie, separa un poco las piernas y deja los brazos caídos a los lados. Cuando estés neutro de pensamientos di en voz alta "Mi nombre es… (tu nombre)". Espera unos segundos y observa tu cuerpo. Lo más habitual es que se incline ligeramente hacia adelante. Sin embargo, si dices un nombre falso probablemente se incline hacia atrás. Por tanto, puedes empezar a formular preguntas a tu subconsciente en las que la respuesta sea Sí o No. Para las de SÍ -verdadero- el balanceo acostumbra a ser hacia adelante. Para las de NO -mentira-, suele ser hacia atrás.

Puedes empezar por hacer las siguientes preguntas:

- ¿ME AMO Y ACEPTO TAL COMO SOY?
- ¿MEREZCO TRIUNFAR EN LA VIDA?
- ¿PUEDO GANAR MUCHO DINERO HACIENDO LO QUE ME GUSTA?
- ¿PUEDO TENER ÉXITO EN LA VIDA SIENDO INTEGRO?
- ¿MI SALUD ES MARAVILLOSA?
- ¿ESTOY PREPARADO PARA VIVIR EL AMOR VERDADERO?

Haz todas las preguntas que sientas necesarias y después construye afirmaciones positivas para las creencias que has detectado que te impiden llegar a tus metas.

Si, por ejemplo, has descubierto creencias limitantes en relación con el dinero, puedes construir frases como "Yo amo el dinero", "Yo soy una persona que recibe ingresos de varias fuentes", "Yo soy un imán para el dinero y este me llega allá donde voy" o "Yo me merezco ganar mucho dinero haciendo lo que amo". Haz lo mismo para el área de la salud y el amor. Escribelo aqui:

Escribe también tus afirmaciones en una libreta y llévala contigo. Repásalas durante el día y cuando necesites un golpe de energía.

En uno de los libros de Wayne Dyer, leí el siguiente caso:

Una joven universitaria que dedicaba todo su tiempo a las clases, el trabajo, el estudio y las fiestas, una noche tuvo un extraño dolor de cabeza. Poco a poco empezó a sentir el lado izquierdo de la cara paralizado. Consultó a varios médicos, pero ninguno logró identificar la causa física que le había provocado la parálisis. Su situación iba empeorando, hasta que un día conoció al psicólogo y escritor Wayne Dyer.

Cuando estaba en la consulta, Wayne Dyer se centró totalmente en el estado de ánimo de su paciente y le dijo que ella misma era la que tenía la capacidad para curarse. Wayne Dyer le puso las manos en la cara y le dijo varias veces que la forma que tenía de curarse era afirmando: "Ya no estoy paralizada", "Yo estoy curada".

Al principio le costó entenderlo y hacerlo. Pero, a medida que pasaba el tiempo y seguía con su vida afirmando y haciendo como si ya no tuviera la parálisis, empezó a notar mejoras.

Cuando su convicción ya era absoluta y su madre le hablaba de la parálisis, ella siempre contestaba: "¿Mamá, no lo entiendes? Estoy curada y sin parálisis. ¿Cuál es la parte que no entiendes? Estoy curada, lo que pasa es que tú y el resto del mundo aún no lo veis".

Cuatro semanas más tarde, la parálisis había desaparecido.

Hace dos años experimenté un hecho similar en carne propia. En una revisión con el endocrino, me diagnosticó varios nódulos en las tiroides que deberían ser controlados dentro de seis meses. Cuando salí de la consulta me invadieron muchos pensamientos negativos sobre lo que me acababa de informar el médico y, abrumada por la negatividad, esa noche casi no pude dormir. Sin embargo, al día siguiente escuché mi voz interior susurrándome que la situación que se me había presentado venía a enseñarme algo. ¡Y vaya que fue así!. Gracias a este contratiempo he tenido la posibilidad de comprobar el poder que poseemos para sanar nuestro cuerpo.

Cada día, durante seis meses, me visualizaba, me sentía y me declaraba saludable. Cuando me realizaron las pruebas de control, para sorpresa de todos, los nódulos habían desaparecido!

También Deepak Chopra, médico y neuroendocrino ha podido evidenciar que varios enfermos se han curado gracias al poder de la mente:

"En los años que llevo ejerciendo, he conocido a diversos enfermos de cáncer que se han recuperado por completo tras un diagnóstico terminal, personas que a priori tenían unos pocos meses de vida por delante. No creo que fueran casos milagrosos; a mi entender, estos fenómenos demues-

tran que la mente puede ir más allá, más hondo, y cambiar los esquemas fundamentales que diseñan el cuerpo. Puede borrar los errores del programa, por decirlo de alguna forma, y acabar con cualquier enfermedad, ya sea cáncer, diabetes, enfermedades coronarias o cualquier trastorno que haya desordenado el esquema general".

Así que, una vez más, ¡saca todo el poder que tienes dentro, conecta con tu "Lámpara de Aladino" y decreta la vida que deseas!

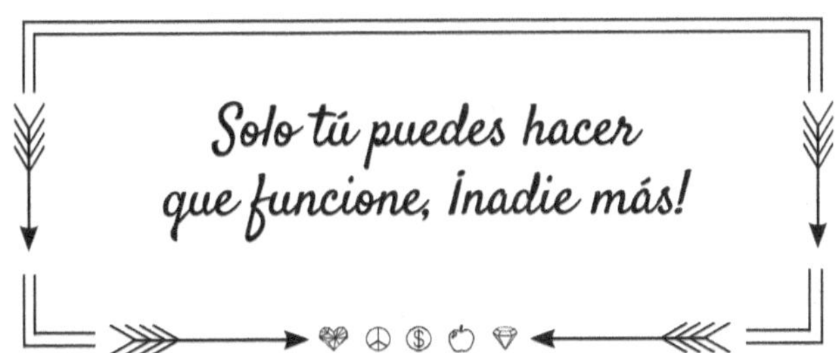

Si solo te limitas a leer lo que está escrito en este libro y no lo pones en práctica, tu presente y tu futuro seguirán igual. Y quizá cuando estés en la etapa final de tu vida te arrepientas de no haberlo hecho. ¡No pierdes nada por probarlo! ¡Verás que solo ganarás y mucho! Deja las resistencias a un lado.

Seguro que conoces la famosa frase del psiquiatra suizo Carl Gustav Jung "Todo a lo que te resistes, persiste".

Engancharse a lo conocido y a las ideas preconcebidas, sin siquiera comprobar su validez, es resistencia. Y la resistencia lo único que logra es que aquello que deseamos cambiar, persista y con más fuerza. ¡Vuelve multiplicado!

DESPRÉNDETE
DE LOS MIEDOS
Y
Comprométete
con tus Sueños

"*El fracaso es una gran oportunidad para empezar otra vez con más inteligencia*".

HENRY FORD

Muchas veces anhelamos un cambio en nuestras vidas y, aun sabiendo que todo depende de nosotros mismos, de nuestra determinación para actuar, nos quedamos inmóviles frente a las oportunidades que el universo nos ofrece.

Nos invade el miedo frente a lo desconocido y nos repetimos una y otra vez ¿Y si no puedo? ¿Y si fracaso? ¿Qué dirán los demás si fallo?

Y un sinfín de excusas para quedarnos en nuestra zona de confort y no dar ese paso que cambiará nuestra vida.

Me encanta este dicho y lo utilizo muchas veces para seguir avanzando con humor: "Si quieres seguridad ve a la prisión y si quieres libertad, aquí es donde tienes que vivir".

Si vives tu vida y tomas la decisión de que es demasiado corta para sufrir, para estar estresado, preocupado, rabioso o con miedo, tendrás garantizada la libertad y la felicidad.

Si quieres decir adiós a tus miedos debes empezar por definir muy buen tus objetivos, tus sueños. Escríbelos en un papel de forma clara, concreta y detallada. Luego enfoca toda tu energía hacia ellos y despréndete de los miedos.

Si por el camino aparecen obstáculos, afróntalos como una experiencia que te fortalecerá y te hará disfrutar más de tus sueños. Ya sabes, cuando nos regalan algo sin esfuerzo, no tiene el mismo valor y disfrute.

¿Te acuerdas del día que te pagaran tu primer salario? Cómo te sentiste de orgulloso al conseguir ese dinero tras el esfuerzo que empleaste en hacer en ese trabajo.

Mientras escribo este libro la mayoría de las personas están en el sofá viendo la televisión, durmiendo o quizá de fiesta con los amigos. Sin embargo, yo tomé la firme decisión de cumplir mi propósito de vida y me enfoco cada momento libre en ello.

Sé que esta es la actitud que me llevará hacia mis sueños. Visualizo el sentimiento de realización y victoria que obtendré cuando lo termine y pueda ayudar a millones de personas cuando lo lean y lo integren en su vida.

Así que te invito a que tomes ahora mismo el control sobre tu cerebro ¡Entrénalo para que te sirva y no para que le sirvas tú!

TRANSFORMA LA INFORMACIÓN SUBCONSCIENTE EN CONSCIENTE

El cerebro es un excelente órgano buscador de soluciones. Cuando tiene una meta bien definida es capaz de grabarla en tu subconsciente, y así cobra vida propia.

Esto es porque en nuestro cerebro se pone en funcionamiento el SAR (Sistema de Activación Reticular). El SAR funciona como una señal que alerta a nuestro cerebro para que esté atento a los estímulos, que por lo general no percibimos de forma consciente a través de nuestros sentidos, ya sea porque no los vemos, escuchamos o sentimos. De esta manera filtramos lo verdaderamente importante -nuestro propósito de vida- y desechamos aquello que no lo es. Es decir, el SAR nos permite ser conscientes de la información importante que absorbe nuestro subconsciente.

Así que esta maravillosa parte de nuestro cuerpo funciona en piloto automático y si sabemos aprovecharla nos puede generar múltiples beneficios.

Te voy a dar más datos: nuestro cerebro procesa unos 400.000 millones de bits de información <u>por segundo</u>, pero solo somos conscientes de unos 2.000. Alucinante, ¿verdad?

Esto quiere decir que únicamente somos conscientes del 0,0000005% de la información que captamos. El SAR filtra la información que nos hace ser conscientes de aquella parte que nos es útil para alcanzar nuestros objetivos y nuestra supervivencia.

Por ejemplo, ¿te has fijado que cuando compras un coche de un determinado modelo empiezas a verlo por todas partes, cuanto antes no lo hacías?

Lo mismo sucede con una embarazada que empieza a ver mujeres en el mismo estado allá donde va, cuando antes no las veía.

No es que haya más, es que tu cerebro está muy focalizado en ello, lo tiene muy presente, y el SAR lo capta muy bien. Tiene ahí su atención.

El SAR es, por tanto, una herramienta muy poderosa para nuestro crecimiento personal, ya que nos sirve para hacer consciente lo inconsciente y así encontrar medios para alcanzar los deseos que hemos definido.

Para que nuestro aliado, el SAR, funcione debidamente, debemos tener imágenes muy claras en la mente de lo que deseamos lograr. Y estas deben ir acompañadas de un fuerte deseo emocional.

Así que tengas tus objectivos claramente definidos, siente la emoción como si tu meta ya estuviera alcanzada y estuvieras disfrutando de ella. Esto te permitirá activar el SAR, haciéndote consciente de las oportunidades, personas o cosas, que se te presentan delante, facilitándote así la atracción de lo que más deseas.

Además, las emociones dominan la mente. Por ejemplo, si vemos a alguien a quien amamos, sentimos amor. El cerebro segrega dopamina, oxitocina, etc. proporcionando salud a las células. Por eso, quien se enamora se siente tan bien.

En cambio, si vemos algo que nos asusta, segregamos hormonas del estrés, que provocan dos efectos en nuestro cuerpo. El primero es que nuestro crecimiento físico se frena. Si te está persiguiendo un tiburón, tu cuerpo se pone en estado de alerta máxima y apaga todo lo que no sea imprescindible para huir más rápido. Así que también se detiene todo lo que tiene que ver con el crecimiento.

Muchas personas no lo saben, pero TODOS tenemos que crecer cada día, no importa la edad que tengamos. Diariamente cientos de billones de células mueren, por lo que hay que reproducir otras nuevas. Por ejemplo, cada tres días el sistema digestivo renueva sus células.

El segundo efecto de las hormonas del estrés se refleja directamente en nuestro sistema inmunitario. Como este requiere de muchísima energía para crear las defensas que necesita nuestro cuerpo, frena cuando se encuentra con las hormonas del estrés.

Así que tengo una buena noticia: ¡Tod@s podemos decidir en que estado vivir! Y lo mejor es hacerlo desde el amor y NO desde el miedo.

¿Estás de acuerdo con esta decisión?

Si tu respuesta es afirmativa sigue leyendo…

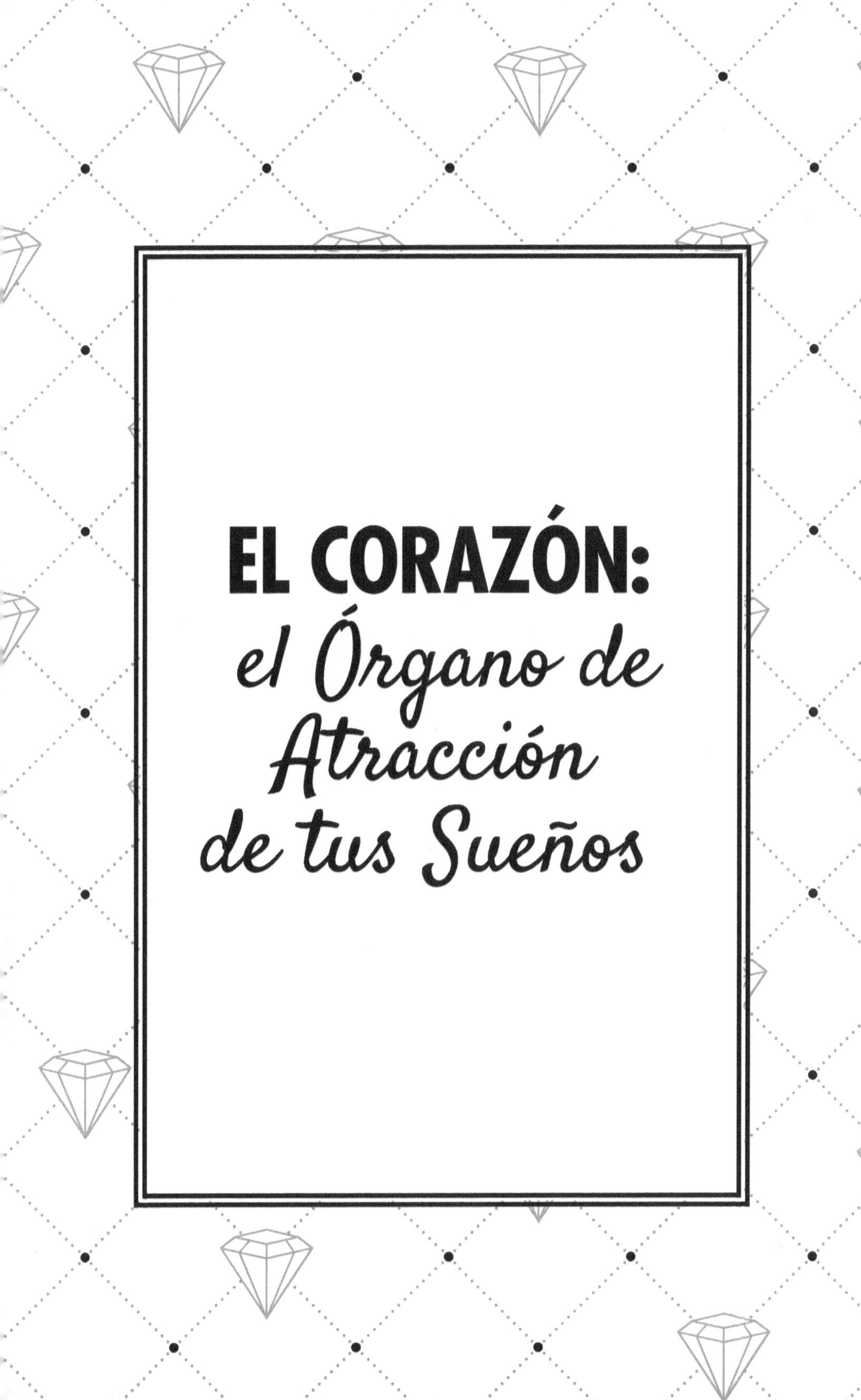
EL CORAZÓN:
el Órgano de
Atracción
de tus Sueños

"*Un cobarde es incapaz de mostrar amor. Hacerlo está reservado para los valientes*".

MAHATMA GANDHI

Por lo general, solemos vivir la vida que nos dicta la mente, sin tener en cuenta nuestro corazón, donde habita el amor, la gratitud y el perdón.

¿Te has dado cuenta de que a menudo tu mente se parece a un depósito de caos y ruidos molestos? ¿Te sientes bloquead@ y tu vida está atascad@ con todos esos problemas que escuchas y sientes cada día?

El motivo que desencadena todo este caos es que constantemente vivimos desde el miedo.

En cambio, cuando permitimos que sea el corazón el que dirija nuestra vida, este nos aporta claridad y tranquilidad.

Escuchar a nuestro corazón es vivir con amor hacia **nosotros mismos** y hacia los demás.

Puede que no nos proteja del sufrimiento, pero sin duda nos acerca a lo que necesitamos para crecer como personas, evolucionar, hacer realidad nuestros sueños y hallar nuestro propósito.

"Amarse a sí mismo es el comienzo de una aventura que dura toda la vida".

OSCAR WILDE

Nuestro corazón es el centro del centro, es desde donde tenemos que vivir. Desde él todo fluye, se atrae y se concreta. Nos ayuda a vivir más auténticamente, con más libertad y más sentido.

¿Y tú, desde dónde estás viviendo? ¿Desde el miedo o desde el amor?

> *Cuando decides vivir desde el amor dejas de buscar explicaciones, atajos y justificaciones, porque el presente se vuelve más nítido y los pensamientos son más ligeros e intuitivos.*

Al mismo tiempo las emociones son más intensas y positivas: sientes felicidad, gratitud, entrega y generosidad, por lo que tu estado de ánimo mejora considerablemente. Lo que significa que, lo que antes podía ser un obstáculo irremediable, de pronto parece tener una solución coherente y lógica.

Recordarás cómo las emociones de nuestro cuerpo son importantes a la hora de obtener los resultados que deseamos.

Las emociones afectan nuestro corazón y provocan ritmos cardíacos particulares. Además, estos se emiten y se sienten en cada célula de nuestro cuerpo, modificando las señales bioquímicas y nuestra expresión genética.

EL CORAZÓN TIENE VIDA PROPIA

El corazón, en realidad, por muy sorprendente que pueda parecer es un pequeño cerebro.

Estudios científicos confirman que el corazón tiene un sistema nervioso propio. Está constituido por unas 40.000 neuronas que operan de forma independiente al sistema nervioso central, procesando y generando información.

Los médicos estadounidenses P. Pearsall, G. E. Schwartz y L. Russek publicaran en 1999 los resultados de una investigación que analizaba la nueva personalidad de pacientes que habían recibido un trasplante de corazón. Los estudios revelaron que los cambios sufridos por el portador eran un reflejo de la personalidad del donante.

Uno de los ejemplos más significativos es el de una chica de 18 años, muy activa e inquieta, que recibió el corazón de un joven de personalidad tranquila y dulce, que se dedicaba a escribir poemas y canciones, y al parecer, había muerto a su misma edad. Después del trasplante, el carácter de la chica se apaciguó, volviéndose más tranquilo. Además, desarrolló una nueva pasión, la música, que la llevó a asistir clases para aprender a tocar la guitarra.

El corazón produce 2,5 vatios de energía eléctrica en cada latido generando un notable campo electromagnético. ¡Es 5.000 veces más intenso que el del cerebro!

Ahora piensa e imagina todo lo que puedes conseguir juntando la energía del cerebro y la del corazón.

En las siguientes páginas te voy a explicar cómo puedes aprovechar ese poder que tenemos TODOS a nuestro alcance…

MÚSICA
para el
corazón

> *"La música produce una especie de placer sin el que la naturaleza humana no puede pasarse"*

Confucio

Seguro que en más de una ocasión has escuchado que la música es beneficiosa para el corazón. Pero también nos aporta grandes y variados provechos para nuestra salud en general.

Numerosos estudios científicos demuestran que la música aporta siete beneficios a nuestro cuerpo.

El primer de ellos es que reduce la ansiedad. De acuerdo con un informe de la Universidad Estatal de Ohio, escuchar nuestras canciones favoritas reduce los niveles de estrés.

El segundo de los beneficios es que hace que disminuya la cantidad de comida que ingerimos, y que la disfrutemos más.

Según un estudio publicado en *Psychological Reports*, el hecho de que un restaurante disponga de una iluminación sutil y música de fondo, induce a los comensales a reducir un 18% los alimentos que ingieren, percibiendo mejor sus sabores.

El tercero está relacionado con la concentración.

La Universidad de Northumbria reunió a voluntarios para escuchar *Las Cuatro Estaciones* de Vivaldi y, a continuación, les hizo una prueba que requería una intensa concentración. Mientras sonaba la parte más estimulante de la pieza, *La primavera*, los participantes obtenían mejores resultados que cuando llegaba el concierto más solemne, *El otoño*.

En cuarto lugar, escuchar nuestra música favorita reduce el riesgo de padecer una enfermedad cardiovascular.

Investigadores holandeses reunidos en el Congreso de la Sociedad Europea de Cardiología, celebrado en 2013, concluyeron que, con tan solo escuchar durante 30 minutos al día nuestra música favorita, aumenta en nuestro cuerpo la producción de óxido nítrico -sustancia que produce la dilatación de los vasos sanguíneos- mejorando la circulación.

En la Universidad de Pavia, en Italia, un equipo médico reunió durante una investigación a 24 voluntarios para que escuchasen varios fragmentos de música clásica. Mientras monitorizaban sus constantes observaron que, con los crecientes, aumentaba la tensión arterial y el ritmo cardíaco, mientras que con los decrecientes ocurría el efecto contrario.

Después de varias pruebas y análisis llegaron a la conclusión de que escuchando música clásica es posible modular el sistema cardiovascular, produciendo efectos continuos y dinámicos beneficiosos para los enfermos con problemas cardíacos.

Sin embargo, el estudio más asombroso es el realizado en 2008 en la Universidad de Helsinki, donde un equipo médico reclutó a 60 pacientes que habían tenido un infarto cerebral reciente, con daños neurológicos y cognitivos. Les dividieron en tres grupos. Al primero se le permitió escuchar durante la convalecencia cualquier tipo de música, atendiendo a sus propios gustos. Al segundo le leyeron novelas grabadas. Y al tercero no se le dio a escuchar nada en especial.

Pasadas unas semanas, los pacientes se sometieran a varias pruebas cognitivas y memorísticas, revelándose que los que escucharon música habían mejorado en un 60% su memoria verbal y su capacidad de atención focalizada.

Los progresos fueron bastante notorios comparados con los otros dos grupos, que solo habían mejorado un 20%.

Además, pudieron comprobar que los que escucharon música se mostraron también menos confusos y deprimidos que los otros.

El quinto beneficio está relacionado con cantar en grupo. Un grupo de investigadores británicos estudió a 375 personas mientras cantaban en coro, a solas o en un equipo deportivo. En todas las actividades se observó un aumento del bienestar emocional, pero la gente que participaba en coros reportó una felicidad mayor que los que cantaban en solitario.

El sexto es que tocar un instrumento protege del envejecimiento cerebral. Y así fue demostrado con un estudio publicado en *Frontiers in Human Neuroscience*. El informe consistió en investigar a personas adultas que habían aprendido a tocar algún instrumento musical en su infancia y que continuaron tocando, al menos, durante diez años más.

Estas superaban en memoria y capacidad cognitiva a otros grupos que no cumplían estos parámetros.

El séptimo beneficio identificado por estudios científicos es que la musicoterapia ayuda a los pacientes que sufren cáncer.

MUSICOTERAPIA

Shawna Grissom, directora del Hospital de Investigación St. Jude Children, afirma que la musicoterapia concede mayores habilidades para afrontar el cáncer y una mayor capacidad de recuperación en pacientes adolescentes con esta enfermedad. La musicoterapia les permite proyectar sus sentimientos y les otorga una sensación de control y un modo de expresarse, según el estudio.

Esta terapia también contribuye a reducir el dolor y fortalecer el sistema inmunológico. Con la música se liberan endorfinas que actúan como analgésicos naturales, siendo también beneficiosa en caso de migrañas, artrosis u otro tipo de malestar físico. Además, aumenta la producción de plaquetas, estimula los linfocitos y la protección celular ante determinadas enfermedades. Escuchar música también puede disminuir los niveles de cortisol, los cuales conducen a una disminución de la respuesta inmune.

Ahora que ya sabes todos los beneficios de la música para tu salud, no dejes de buscar ese momento para disfrutar de una canción o un instrumento: en casa, en el coche, en el trabajo, en el transporte público, etc.

Haz que tu cuerpo libere endorfinas y no renuncies a tu momento musical diario, mientras agradeces el encuentro con tus sueños…..

EL PODER
de la Gratitud

"*Desarrolla una actitud de gratitud,
da gracias por todo lo que te sucede,
sabiendo que cada paso que das te
va a llevar a lograr algo mejor*"

BRIAN TRACY

¿Has experimentado alguna vez el verdadero poder de la gratitud?

¿Eres el tipo de persona que se levanta por la mañana sin ganas de empezar el día, enfocando los primeros pensamientos en todo lo malo que tienes que afrontar?

Si tu respuesta es afirmativa, seguramente tienes muchos días en que todo va mal. No escuchas el despertador y te levantas tarde, se te cae el café encima, los niños lloran y protestan, pierdes el transporte público o hay demasiado tráfico a la hora de ir al trabajo. Por fin, cuando llegas, tu jefe te habla en tono arrogante, recibes emails o mensajes que te ponen de mal humor. Tienes ganas de que se termine el día. Cuando regresas a casa te das cuenta de que te has dejado la chaqueta en el trabajo y en un bolsillo estaban las llaves. Tienes ganas de llorar y piensas "¡uf vaya día, para qué me habré levantado hoy!".

Sin embargo, ¿alguna vez te has detenido a pensar por qué motivo te suceden estas cosas en tu vida?

¿Te has levantado agradeciendo el simple hecho de estar vivo, de tener el corazón latiendo, de abrir los ojos, respirar, escuchar, hablar y de todo lo demás bueno que tienes?

¡Despierta y saluda al día con gratitud para así recibir cosas por las cuales estar agradecid@!

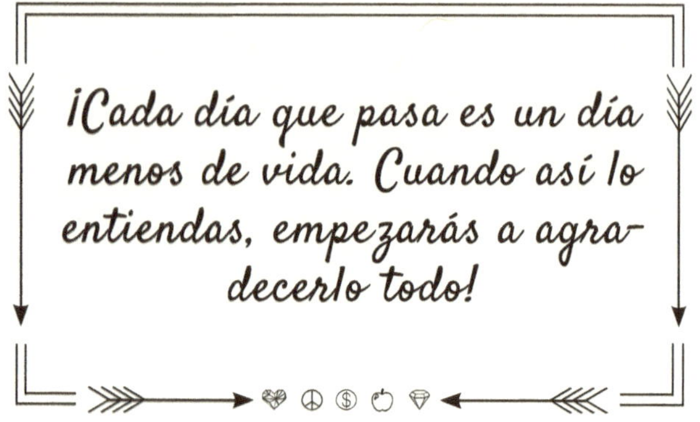

Levantarte por la mañana y sentirte verdaderamente agradecid@ por tener un día más por delante es un ritual que puede marcar una gran diferencia en su devenir. Cada día es una oportunidad para crear los sueños que anhelas. Solo tienes que agradecer lo que ya tienes y abrirte a recibir auténticos milagros.

Tómate dos o tres minutos cada mañana para dar las gracias por lo que sea. No solo tienes que agradecer a otras personas, puedes hacerlo a la vida misma, al aire que fluye en tus pulmones, a la cama en la que dormiste, a la manta que te protegió del frio, al pijama, etc.

Es impresionante como algo tan simple puede cambiar la vida de las personas. Puedo decir que yo noté un cambio impresionante en mí y mi entorno nada más empezar a enfocarme en la gratitud. Incluso he creado una canción de gratitud que le canto a mi hijo para despertarlo.

La gratitud es una emoción infinitamente positiva y sanadora. Me ha convertido en una persona más positiva, más productiva y más feliz conmigo misma y con los demás.

Es la llave hacia la abundancia y tiene el poder de eliminar la negatividad, estando por encima de todas las leyes del universo.

La gratitud vibra por encima de cualquier otra energía, atrayendo fuerzas similares. Empieza a agradecer todo lo bueno que ya tienes para atraer más a tu vida.

Desde pequeños nos enseñan a dar las gracias cuando nos regalan algo. Y es correcto, pero solo es el 50% de lo que debemos agradecer. También debemos enseñar a los niños a hacerlo por lo que ya tienen o les ha ocurrido. Si pasamos por alto todo lo bueno que nos ocurre le estamos quitando su valor.

Por ejemplo, durante la cena yo le suelo preguntar a mi hijo cuál ha sido el momento del día por el que más le gustaría agradecer.

Este ejercicio ayuda a que los niños empiecen a interiorizar que también deben estar agradecidos por lo que ya han tenido y, a largo plazo, les ayuda a valorar más lo que ya tienen.

Además, la gratitud transforma literalmente el cerebro. Los estudios realizados por el profesor de psicología Robert A. Emmons de la Universidad de California demuestran que la gratitud tiene el poder de crear un estado mental más positivo y feliz.

En su experimento, Robert A. Emmons reunió a varios participantes seleccionados al azar y les asignó tres tareas distintas. Todos elaboraron una especie de diario semanal.

Un grupo describía las cosas por las que sentían agradecidos; el otro explicaba todo aquello que le molestaba y el último hacía un seguimiento de las ocurrencias imparciales.

Al cabo de diez semanas, los participantes en el grupo de gratitud se sentían un 25% mejor que los demás. Asimismo, reportaron menos problemas de salud y rindieron un promedio de una hora y media más.

Empieza a confeccionar un diario de gratitud. Es una herramienta recomendada por científicos e investigadores para aumentar el bienestar. Anota cinco razones cada día por las que estás agradecido. Escríbelo, te ayudará a reflexionar más sobre ello.

Da gracias incluso por las cosas que te molestan en tu vida. Sé que esta es la parte difícil, pero en verdad es el momento en que más debemos dar las gracias.

Cuando estés teniendo un día difícil, piensa y escribe aquello por lo que te sientes agradecido. Todos tenemos días malos, pero siempre hay millones de cosas que agradecer.

Centrar tu energía en las malas experiencias solo creará más de lo mismo. Por tanto, te recomiendo que encuentres siempre lo bueno de las situaciones a las que te enfrentas y te sientas agradecido por ello. Esto redirige la energía a lo que quieres y activa la ley de la atracción.

> *¡Recuerda que la gratitud es uno de los sentimientos más poderosos que puedes usar para atraer la abundancia y bienestar a tu vida!*

No vivimos en un universo donde las cosas suceden al azar. Nuestro universo está dirigido por leyes previsibles y controlables por nosotros mismos. La ley de la gratitud rige por encima de todo tipo de energía, atrayendo otras similares.

TODO ES ENERGÍA

Albert Einstein demostró que el universo es energía y todo vibra. Los seres humanos también somos energía, pero vibramos en distintas frecuencias.

Lo que determina nuestro tipo de vibración y frecuencia son las creencias, emociones y pensamientos.

Sentirse agradecido atrae más gratitud y mientras tengas este sentimiento estarás atrayendo eficazmente energías similares a tu vida que, a su vez, te harán vivir más situaciones por las que estar agradecido.

Si vives en la frecuencia de la carencia, lo único que atraerás serán más situaciones o personas que están en la misma posición que tú. Lo semejante atrae a lo semejante porque vibraciones idénticas vibran juntas.

En cambio, si enfocas tus sentimientos y pensamientos en la gratitud, la frecuencia de tu energía se convertirá en la más potente de las vibraciones.

¿Estás preparado para abrir el canal de la abundancia en tu vida?

¡Empieza con tu diario de gratitud! Escribe aquí diez razones por las que estás agradecid@:

Lee lo que escribiste y siéntete profundamente agradecid@ por todas estas cosas que tienes en tu vida.

✦ ✦ ✦

Y RECUERDA QUE SI NECESITAS AYUDA PARA PONER EN PRÁCTICA ESTE EJERCICIO, POR FAVOR ENVÍAME UN CORREO ELECTRÓNICO A <u>TUVERDADEROVALOR@GMAIL.COM</u> Y ESTARÉ ENCANTADA DE PODER AYUDARTE.

De mi parte, aprovecho para decirte que me siento enormemente agradecida porque hayas decidido leer mi libro y lo más importante que lo estés poniendo en práctica, para obtener el impacto positivo y transformador que deposito en mi intención mientras escribo cada palabra de este libro.

¡TRILLONES DE GRACIAS DE CORAZÓN!

LA
MAGNITUD
de los
Pensamientos

"Deja de pensar en la vida y resuélvete a vivirla".

PAULO COELHO

189

La ciencia más reciente confirma que la mente es energía y que, cuando piensas, la transmites, así como que los pensamientos son más poderosos que la química.

Si la materia es también energía condensada, podemos afirmar que el pensamiento y lo material son energía y se atraen si vibran en la misma frecuencia, co-creando la realidad que vivimos diariamente.

El médico e investigador Masaru Emoto realizó varios experimentos con el agua a través de los cuales pudo comprobar que esta recoge información del entorno, siendo sensible a los pensamientos, sentimientos y a la consciencia.

Por ejemplo, uno de sus experimentos consistió en proyectar el pensamiento en el agua.

Masaru Emoto reunió en una habitación a un grupo de padres y madres con sus hijos. Todos se cogieron de las manos, alrededor de una mesa en cuyo centro se había colocado una botellita de agua del grifo de Tokio, que nunca antes había formado cristales.

A esa botellita de agua le expresaran lo siguiente: "Gratitud". "Agua, te cuidaremos bien". Primero lo dijeron en voz alta y luego lo expresaran en silencio; cerraron los ojos y le lanzaron esos mismos pensamientos durante un minuto.

El investigador colocó después unas gotas de esa agua en unas placas de petri y las metió en el congelador.

Tres horas más tarde, al observarlas con el microscopio, se habían formado cristales y además eran preciosos. En cambio, el agua que había quedado al margen del experimento presentaba una total ausencia de cristales.

Con este experimento Masaru Emoto descubrió que los cristales formados en el agua congelada son muy diferentes dependiendo de los pensamientos que les lancemos.

Está más que comprobado que nuestros pensamientos son energía y se asemejan a las ondas de radio. Una onda de radio se origina cuando un electrón se estimula con una frecuencia situada en la zona de radiofrecuencia. Y, cuando la onda de radio actúa sobre la antena, induce un movimiento de la carga eléctrica que puede ser transformado en señales de audio u otro tipo de signos portadores de información.

Extrapolando este principio a nuestros pensamientos, las ondas de radio son lo que pensamos y sentimos (pensamientos + emociones) y la antena es el universo que transforma, nuestra señal electromagnética (frecuencia emitida por el corazón), en nuestro mundo físico.

Así como las ondas de radio necesitan la frecuencia correcta para que en segundos la antena las transforme en señales de audio, nuestros pensamientos también requieren la frecuencia adecuada para que las señales y acciones sean las deseadas.

En otras palabras, cuando piensas y sientes lo que quieres alcanzar y lo asocias con pensamientos positivos, de alegría o gratitud, lo que estás emitiendo son ondas positivas, alegres, gratas, que serán transformadas en acontecimientos en tu vida. ¡Y esto es lo que provoca que las cosas pasen o no pasen!

Por eso, muchas veces solo obtienes lo que dices y piensas que no quieres. ¿Cuántas veces te ha pasado esto? ¿Y cuántas veces has escuchado el popular refrán "Nunca digas de este agua no beberé"?

Recuerdo que mi hermana la utilizaba mucho y yo no estaba muy de acuerdo, hasta que me di cuenta de su verdadero significado y poder. Cuando empecé a recodarlo más a menudo ya no pensaba en lo que no quería que pasase, sino en lo que Sí quería. ¿Y sabes qué? ¡Funciona! Si no me crees verifícalo, confírmalo, siéntelo, percíbelo, disfrútalo, ¡y verás cómo lo bueno va floreciendo en tu vida!

Recuerdo una de las situaciones que viví con una amiga, que siempre que hace mucho frío evita que su niña salga de casa porque piensa que se resfriará. Un día de invierno quedamos para llevar su hija y mi hijo al parque de atracciones del Tibidabo. La noche anterior me llamó y me dijo: "Mañana hará mucho frio, espero que me hija no se ponga enferma".

Yo le dije que no pensara en eso, que cuanto más lo hiciese más probabilidades tendría de que sucediera. No sé si me hizo mucho caso dado que es un poco escéptica.

El caso es que al día siguiente llegamos al Tibidabo y realmente hacía bastante frío. Mi amiga, de vez cuando se lo recordaba a su hija, y la abrigaba cada vez más. Yo, la verdad, es que noté la sensación térmica pero no le di importancia, dejando que mi hijo disfrutara del parque. Cuando nos marchamos, los niños estaban agotados, pero muy contentos por haber disfrutado a tope el parque. Al día siguiente, mi amiga me envió un whatsapp preguntándome si mi hijo se encontraba bien, puesto que ella estaba en Urgencias con su niña porque tenía fiebre muy alta.

Este es un ejemplo muy sencillo, pero también muy frecuente en nuestro día a día. Lo que pensamos se materializa. ¡Es así, lo creas o no!

Ya sé que esto te puede sonar raro, si es la primera vez que lees acerca de este tema. Pero te puedo decir que la gente que es verdaderamente exitosa aplica estos principios.

A mí también me parecía una locura hasta que un día decidí cambiar. Pensé que no tenía nada que perder, ya que lo que tenía en ese momento no es lo que quería. Ahora pienso que es una locura que la gran mayoría de personas siga quejándose de lo mal que va su vida y no aproveche lo que el universo o Dios le puede ofrecer.

Hay momentos que veo el universo como un gran banquete, un buffet libre al cual estamos invitados, pero muy pocas veces aprovechamos y disfrutamos.

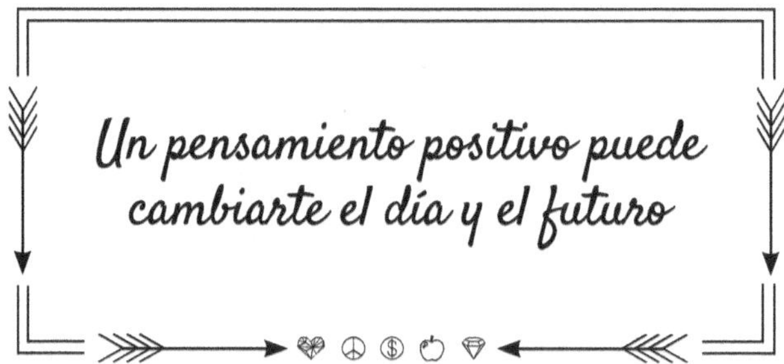

Empieza a decirle adiós al NO y enfócate en pensamientos y frases positivas, en lo que realmente quieres, ya que normalmente nos centramos en las negativas, en lo que no queremos. Por ejemplo:

Te voy a contar algo que me solía pasar y que seguro te sonará a ti también. Años atrás iba diciendo cada día: "no tengo tiempo para nada", "vaya desastre de vida", "no me sale nada bien", etc. No hace falta que te explique mi vida porque supongo ya estarás imaginando cómo era.

¡Eso es, un verdadero desastre!

El día que empecé a conocer cómo funciona realmente el universo, cambié mis palabras y pensamientos por lo siguiente "tengo el tiempo y la capacidad para hacer lo que quiera", "todo lo que hago es perfecto y maravilloso".

Por arte de magia empecé a tener tiempo para hacer todo lo que quería. Todo comenzó a fluir y observaba cómo las piezas del puzle que componen mi vida iban encajando, eliminando así todo el caos que tenía.

Es impresionante cómo te sientes cuando te das cuenta de que tienes la varita mágica para cambiar tu destino.

Actualmente, me siento como Aladino y la lámpara maravillosa, que pido un deseo y más tarde o temprano se concretiza.

INVESTIGACIONES CIENTÍFICAS SOBRE LOS PENSAMIENTOS

Si aún te quedan dudas, te voy a dar evidencias científicas y experimentales sobre el poder de nuestros pensamientos. Tanto para los positivos como los negativos. Tanto para curar, atraer dinero, trabajo y abrirnos camino hacia el éxito, como para enfermarnos, caer en la bancarrota, perder un trabajo y cerrar oportunidades.

Un grupo de investigadores de la Universidad de Columbia, en Estados Unidos, demostró que solo basta <u>un minuto</u> de pensamientos negativos y autodestructivos para que se altere por <u>seis horas</u> nuestra capacidad inmunológica.

¿Cómo? Sí, sí, has leído bien.

¡Un minuto de pensamientos negativos daña nuestro cuerpo durante seis horas!

Por otro lado, el psicólogo y escritor estadounidense Martín Seligman, ha realizado una abundante investigación científica sobre cómo las personas optimistas y positivas han superado graves enfermedades, tragedias personales y situaciones muy conflictivas, pensando positivamente. Cuando todo se derrumbaba a su alrededor se han convertido en héroes y salvadores de sus propias vidas.

¡Conviértete tú también en pensador positivo y salva tu vida! Utiliza el pensamiento positivo como un héroe que puede manejarlo con su fuerza.

Solo comprenderás la magia del pensamiento positivo si lo practicas. La prueba de fuego para saber si lo has entendido bien será que cuando todo esté mal, o no estés content@ con lo que ocurre, el derrotismo no te invada.

En esos duros momentos, debes buscar en tu interior más profundo y, desde ahí, transformar tus debilidades en firmeza y fortalezas. Así conseguirás mantener la calma y pensar positivamente. Con el tiempo verás que desarrollarás más este poder para cambiar las cosas.

> *"Una vez que reemplaces los pensamientos negativos por pensamientos positivos, empiezas a obtener resultados positivos"*
>
> WILLIE NELSON

En las siguientes páginas te explico cómo utilizar una las técnicas que utilizo y recomiendo para borrar pensamientos tóxicos y reprogramar las emociones.

HO´OPONOPONO, EL ARTE DE *"borrar"* problemas

"Todos tenemos pensamientos que nos limitan, tales como "no me lo merezco", "no tengo suficiente educación" o "nací pobre y voy a morir pobre", que tal vez no percibimos a nivel consciente, pero que son obstáculos que nosotros mismos nos ponemos. Es importante que sepas que todos tus problemas son una memoria que se reproduce en tu subconsciente. No se encuentran en el mundo físico"

MABEL KATZ

Ho'oponopono es una técnica utilizada hace años por los hawaianos para la resolución de problemas. Es un método de sanación físico, mental, emocional y espiritual que se basa en la reconciliación y perdón ayudando a limpiar y/o corregir memorias y creencias de nuestro ego que nos limitan a la hora de avanzar y conectar con nuestra esencia.

Me imagino que en este momento ya eres consciente de que nuestra mente es una parlanchina las 24 horas de día y que nos repite los pensamientos tóxicos y emociones negativas que en gran mayoría proceden de nuestros ancestros, vidas pasadas y todo aquello que se adquiere en las experiencias tempranas de la infancia y en el desarrollo de nuestra vida.

Esto es lo que sistemáticamente nos maneja sin que seamos conscientes de ello. No podemos evitarlo, pero sí podemos elegir cambiarlos o eliminarlos.

Y eso es precisamente lo que podemos conseguir con el Ho'oponopono, borrar todas las memorias tóxicas que están atrayendo los problemas a nuestra vida. Memorias de rencor, ira, culpa o cualquiera que esté bloqueando lo que tu alma anhela se borran gracias a esta técnica permitiendo a posteriori tu transformación.

"Jesús dijo ama a tus enemigos, y tu único enemigo es tu memoria reproduciendo lo que experimentas como ira, resentimiento, juicio".

DR. IHALEAKALÁ HEW LEN

El proceso de limpieza es sencillo y se hace a través de cuatro palabras que, pronunciadas con sentimiento y convicción, generan un mecanismo de reconciliación con uno mismo y con los demás: **lo siento, perdona, te amo, gracias.**

Estas cuatro palabras las repito varias veces a diario siempre que se me presenta un problema. ¡Y me impresiona lo que recibo de vuelta!

Te animo a que tú también lo integres en tu día a día. Lo puedes repetir varias veces de forma puntual cuando lo necesites o durante 21 días consecutivos para solucionar inconvenientes más encostrados. Empieza por escribirlo aqui 3 veces:

Cada día estoy más segura de que las palabras y pensamientos son muy poderosos y envían vibraciones y frecuencias energéticas al universo, que nos devuelve lo mismo a nuestra vida. Al repetir interiormente al menos tres veces estas cuatro palabras nuestro cuerpo se va transformando a todos niveles en la energía que transmite este mantra.

¿Y qué tipo de energía, vibración y frecuencia emiten "lo siento, perdona, te amo, gracias"?

Pronunciar "lo siento, perdona", no significa que te sientes culpable, sino que asumes la responsabilidad de todo lo que experimentas y creas en tu propia vida y sientes no haber sido consciente de lo que, sin querer, has creado. Perdona es aceptar que hay que borrar la memoria que causa el problema.

"Te amo" son las palabras mágicas que transforman la energía bloqueada (el problema) en energía que fluye, volviéndonos a unir con nuestra divinidad, con nuestro corazón. El amor tiene el poder de limpiar y transformarlo todo.

Diciendo "gracias", permitimos que se borren esas creencias y manifestamos nuestra fe en que todo será resuelto para nuestro bien y el de todos los involucrados. Nos desprendemos del problema y lo entregamos a quien todo lo sabe.

Cuando una amiga me habló de Ho'oponopono me sentí un poco escéptica en cuanto a sus resultados, como puedes estar tú. Sin embargo, investigué más sobre ello y quedé impactada con una experiencia alucinante sobre el poder sanador de esta técnica.

Todo empezó con el Dr. Ihaleakalá Hew Len que trabajó durante cuatro años en el área de Psiquiatría del Hospital de Hawai.

Había un pabellón donde encerraban a los pacientes criminales peligrosos. Los psiquiatras solían renunciar al mes a seguir trabajando allí por ser un lugar desagradable, donde el personal llegó a caminar con su espalda contra la pared por miedo a ser atacado por los enfermos.

Pese a ello, el Dr. Ihaleakalá no renunció y empezó a estudiar la ficha de cada recluso. Profundizó en su interior para conocer cómo él mismo había contribuido a crear la enfermedad de cada preso, para después poder curarla. En la medida en que él mejoraba dentro de sí, el paciente en su celda también lo hacía.

Ya sé que si es la primera vez que escuchas esto puede ser difícil de entender. A mí también me ha costado creerlo hasta que empecé a ver los resultados del ho'oponopono en mi vida.

Utilizando el ho'oponopono, el Dr. Ihaleakala curó a un pabellón completo de pacientes criminales insanos sin siquiera ver a ninguno de ellos ¿Alucinante verdad?

El Dr. Ihaleakala explicó lo siguiente: "simplemente decía lo siento y te amo, una y otra vez. Estaba sanando la parte de mí que había creado sus enfermedades". Esta experiencia es otro mensaje de refuerzo sobre la importancia de las emociones y juicios que tenemos en relación con los acontecimientos que surgen en nuestra vida.

Así que creo firmemente que nos debemos responsabilizar de lo que pensamos sobre nosotros mismos y sobre los demás, de nuestra realidad y del futuro.

En este momento ya sabrás que ahora mismo estamos creando el futuro próximo.

¡Y con cada pensamiento, actitud, emoción y acción podemos ser nuestro propio premio o castigo!

¿Qué eliges para tu vida? ¿Aún tienes dudas?

No te quedes paralizado en la duda, sigue con la absoluta confianza de que lo que piensas, sientes y pides se te dará…

AVANZA CON
CONFIANZA
y Triunfarás

"Hay que tener fe en uno mismo. Ahí reside el secreto. Aun cuando estaba en el orfanato y recorría las calles buscando qué comer para vivir, incluso entonces, me consideraba el actor más grande del mundo. Sin la absoluta confianza en sí mismo, uno está destinado al fracaso".

CHARLES CHAPLIN

¿**C**uántas cosas has dejado de hacer por no confiar en que eras capaz?

¿Cuántas oportunidades has dejado pasar y cuántos caminos sin recorrer?

Sé bien lo que estás sintiendo en este momento. Durante una etapa de mi vida yo también evitaba cualquier situación en la que pensaba que fracasaría. La falta de confianza en mí misma era mi compañera de viaje y me ha paralizado muchísimas veces, enclaustrándome en mi zona de confort.

Cuando dudamos y tenemos miedo nos sentimos inferiores, con complejos. Por ello **sufrimos la vida en lugar de vivirla**.

Creer más en el miedo que en mí misma me ha llevado a vivir con sufrimiento y angustia durante muchos años.

En varias ocasiones, el miedo me ha paralizado y me ha impedido luchar por lo que quería, ya sea porque me creía incapaz de lograrlo o porque no me sentía motivada. Ahora miro hacia atrás y sé que la falta de motivación nacía del miedo a fracasar, a no sentirme capacitada y digna de éxitos.

"Cuando liberas los bloqueos internos para tu éxito, puedes conseguir ser, hacer y tener lo que quieras".

Joe Vitale

Sin embargo, en los momentos en los que tuve confianza en mí misma acepté varias oportunidades, como trabajar y vivir en el extranjero. Aunque al principio parecían situaciones difíciles de sobrellevar, las transformé en las mejores experiencias de mi vida solo creyendo en mí.

En la mayoría de ocasiones estos momentos de superación me sirven de anclaje para sentirme segura de mí misma; para creer que tengo mucho que ofrecer y que soy muy valiente y valiosa.

La confianza en uno mismo se gana enfrentándonos a aquello que nos transmite miedo y siendo conscientes de los logros y éxitos que conseguimos.

Como recordarás, en el apartado que trata de las creencias revelamos que los resultados que obtenemos de nuestras circunstancias, se nos quedan grabados en la mente como creencias. Y que las creencias son precisamente lo que desbloquea nuestro potencial.

La mayoría de las personas son buenas pidiendo, pero creyendo no lo son tanto. La razón es que no valoran su potencial, no se sienten capacitados o piensan que no hay suficiente para todos. Sean cual sean sus creencias, estas proporcionan poder o lo inhiben.

Por tanto, si tienes una creencia propia negativa, tu potencial se bloqueará, limitando tu comportamiento y tus resultados.

Si por el contrario tus creencias hacia ti son positivas, estas te proporcionarán un alto potencial que cambiará tu comportamiento y tus acciones, conduciéndote al éxito en todas las áreas de tu vida.

Confiar en ti mismo significa que tú crees que tienes capacidades para manejar cualquier situación que se te presente y que, para conseguirlo, adquirirás conocimientos y experiencias.

Y ahora, ¿ya crees en tus capacidades?

Si la respuesta es no, deberías hacerlo; porque si no crees tú en ellas, ¿quién lo va a hacer por ti?

Y no es que lo pienses, **es que lo creas y lo sientas desde tu Corazón, desde tu Ser Interior**. Porque sintiendo y creyendo llegarás mucho más lejos que solamente pensando.

Todos aspiramos a sentirnos bien y felices, pero nos reprochamos y torturamos constantemente con sentimientos y pensamientos derrotistas que lo único que hacen es destruir nuestro éxito.

Así que haz un trato contigo mism@: repróchate menos las acciones del pasado, tu comportamiento y tus sentimientos, y concédete más amor y confianza.

Empieza desde ya a enfrentar los retos que tienes delante con determinación, sabiendo que los superarás y que al final te sentirás orgulloso de todo lo que has logrado.

Si piensas que, por mucho que quieras no tienes confianza en ti mism@, te voy a dar una buena noticia. Pero antes te explicaré un cuento hindú para recordarte lo importante que es confiar en uno mismo, luchar y no rendirse nunca a la hora de conseguir un objetivo.

Un día, un granjero escuchó un aterrador sonido al pasar junto al pozo que tenía en el exterior de la casa. Era un pozo abandonado que el hombre no utilizaba y estaba seco, sin agua. Al asomarse, descubrió que su mula había caído dentro de él y estaba asustada y dolorida.

El hombre, sin saber muy bien qué hacer, llamó a su vecino buscando ayuda para rescatarla. Este, después de observar bien la situación, la profundidad del pozo y el estado en el que se encontraba el animal, le dijo: "Lo siento, amigo, creo que no se puede hacer nada por ella. Lo mejor es que la sacrifiquemos para ahorrarle una agonía mayor".

"Oh, qué lástima, estaba muy encariñado con ella, ¡qué desgracia!", contestó el granjero.

Ambos fueron a por palas para enterrar al animal en el pozo y tapar así el agujero para que no volviera a pasar lo mismo con otro animal. "Empecemos cuanto antes", dijo el granjero. Y, con estas palabras, empezaron a tirar tierra al pozo.

La mula, al sentir la primera pala de arena en el lomo, se extrañó. Miró hacia arriba y vio cómo le caía más arena encima. Entonces se asustó. Se dio cuenta de que su amo no la intentaba salvar, sino que quería enterrarla.

Al principio, el animal sufrió un ataque de pánico; comenzó a rebuznar y a dar coces sin parar. Sin embargo, entendió que al hacer eso la arena caía al suelo y al aplastarla con las pezuñas se formaba un pequeño montículo sobre el que podía pisar con firmeza. Así que se tranquilizó y pensó: "¡Esto es lo que tengo que hacer! Mi amo me está ayudando lanzando arena para poder utilizarla, tengo que concentrarme bien".

La mula comenzó a repetir el mismo movimiento cada vez que sentía la arena sobre su lomo. Sacudía bien el cuerpo, daba una coz y pisaba la arena, una y otra vez. Y a pesar del cansancio, no dejaba de hacerlo. "¡Venga, que puedes conseguirlo!, ¡lo estás haciendo muy bien!, ¡ya queda menos!, ¡vas a vivir!, ¡vas a salvarte!, ¡no queda nada, un poco más!", se animaba a sí misma.

De esta manera, la mula fue subiendo poco a poco, más y más. Cuando el granjero y su vecino observaron que aparecía por la boca del pozo, apenas podían creer lo que veían. Empezaron a dar saltos de alegría y a felicitar a la mula por haber sido tan inteligente.

Este cuento nos invita a reflexionar sobre la interpretación positiva que debemos hacer de los problemas y de la importancia de mantenerse perseverante ante las dificultades, confiando en uno mismo. ¡Si actuamos de esta manera los inconvenientes siempre se transformarán en éxitos y victorias!

Muchos de los deportistas que han conseguido más triunfos reconocen que su principal herramienta para obtenerlos es su fortaleza mental. ¿A qué se refieren exactamente? A confiar en sí mismos, a no venirse abajo ante el primer problema, a superar dificultades, a darse ánimos, a creer que son los primeros… ¡y lo consiguen!

En diversas ocasiones somos nosotros los que creamos el problema, pensando y creyendo que es necesario estar preparados y confiados antes de enfrentarnos a un reto.

Así que la buena noticia que te anuncié antes es esta: **no tienes que sentirte necesariamente confiado para hacerlo. Empieza a actuar sin confianza y, más tarde, verás que esta aparecerá cuando menos te lo esperes.**

No te preocupes si no te sientes preparado antes de emprender un negocio, de dar tu primera charla en público o de hacer cualquier cosa que tu corazón anhele. Hazlo, porque si no te quedarás esperando toda la vida.

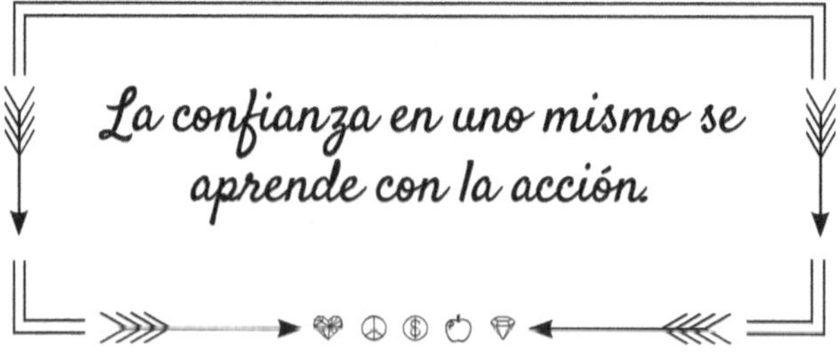

¿Te acuerdas cuando aprendiste a ir en bicicleta? Al principio tenías miedo de caerte, pero seguiste intentándolo y no esperaste a vencerlo y a sentirte totalmente seguro para hacerlo. Sin pensarlo te montaste en la bicicleta y, poco a poco, fuiste ganando confianza.

El verdadero círculo generador de confianza es la ACTUACIÓN. Y se aplica a TODO. La acción nos permite sentirnos más confiados. A mayor confianza, más acciones realizaremos.

Si a pesar de lo que te he explicado en líneas anteriores aún no te has decidido a actuar, te ofrezco algunas herramientas que puedes utilizar para empezar a creer más en ti y enfrentarte a los miedos como un héroe.

Primero te invito a que seas más consciente de tus logros, de <u>TODAS</u> tus creencias y de las cualidades personales que has utilizado para alcanzarlos.

Para ello, elabora un listado de tres éxitos que hayas conseguido en tu vida, ya sean en el ámbito laboral, personal o académico. No importa si consideras que son pequeños logros. Seguro que a través de los ojos de otra persona son victorias importantes. A continuación, especifica la/s cualidad/es que precisaste para conseguir cada uno de ellos.

Este sencillo ejercicio te ayudará a recordar tus capacidades y a que te valores y empoderes para triunfar.

REAFIRMA TU
PODER INTERIOR

Enfréntate a ese interior autocrítico que tienes y reafírmate. Descubre tus cualidades, tus talentos y tus luces, y comienza a expandirlos. Recuerda que eres tú quien decides y no esa voz que va acumulando tantas experiencias tóxicas.

Cuando sientas que el miedo te paraliza, ponte en la piel de algún personaje valiente y temerario, y empieza a actuar como él.

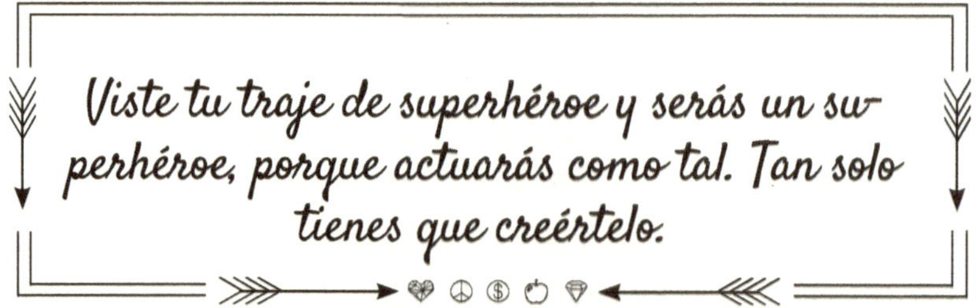

Pero recuerda que tu atuendo de superhéroe no es un disfraz, sino una segunda piel. Siéntela como tuya e identifícate con ella, te pertenece.

Esta técnica llamada "la máscara", es lo que ayudó a Beyoncé a superar su miedo a subir a un escenario. Ella creó un alter ego sensual y carismático con nombre propio, Sasha Fierce. Interpreta a este personaje cada vez que tiene que actuar delante de miles de seguidores.

Una reconocida investigadora de la Universidad de Harvard realizó un experimento con 42 participantes elegidos al azar. Los dividió en dos grupos, unos tenían que mantener durante dos minutos una postura de triunfo y otros de derrota. Antes y después de ese tiempo se les tomó una muestra de saliva.

Los resultados fueron impactantes: las personas que adoptaron una pose de triunfo o de alegría disminuyeron sus niveles de cortisol, hormona relacionada con el estrés. Por el contrario, aquellos que mantuvieron una postura de derrota aumentaron sus niveles de cortisol y, por tanto, de estrés.

Cuando sentimos estrés nuestra confianza disminuye porque estamos en "modo defensa" y nuestro cerebro se prepara para huir o atacar.

En cambio, tener una postura de triunfo durante algunos minutos reduce tus niveles de estrés ayudándote a sentir más confianza en ti mismo.

Muchas veces, la falta de confianza también procede del hecho de perseguir los objetivos que otras personas han marcado y no las metas propias.

No es tu deber tener que satisfacer las expectativas que los demás tienen puestas en ti. Tu labor es estar a la altura de tus propias expectativas, de perseguir tus propios sueños y utilizar tus propios talentos, habilidades y dádivas para servir al mundo.

> *"Si tú sabes lo que vales, ve y consigue lo que mereces"*
>
> ROCKY

CONVIERTE TU DIÁLOGO INTERNO EN TU MEJOR ALIADO

Ha llegado el momento de hacerte esta pregunta:

¿Te tratas a ti mismo como un amigo o como un enemigo?

Si tu respuesta es que lo haces como un amigo, ¡te felicito! Porque está comprobado que hay muchas personas que son duras consigo mismas y se tratan como si fuesen enemigos.

En este caso, cuando se enfrentan a un fracaso, los mensajes que emite su mente son del tipo *"eres un fracasado"*, *"no sirves para nada"*, *"por qué me metí en esto…"*.

Debemos tratarnos como si fuésemos nuestro mejor amigo. ¿Qué le dices a tu mejor amigo cuando fracasa?

<u>¿Que no sirve para nada?</u>

O

<u>¿Le intentas animar para que no se deprima?</u>

Y

<u>¿Qué ocurriría si empezaras a tratarte como un amigo cada vez que fracasas?</u>

Este método se denomina autocompasión, y está probado científicamente que es capaz de reducir la inseguridad, la ansiedad y el estrés, así como de aumentar la cantidad de pensamientos positivos.

Pero autocompasión no significa sentir pena por ti, sino tratarte como lo harías con un amigo cuando fracasas o te ocurre algo malo. Significa apoyarte y perdonarte en lugar de criticarte. Animarte para volver a intentarlo en lugar de castigarte.

Así que te pido que, la próxima vez que fracases o te sientas mal por algún problema que te haya surgido, te hagas la siguiente pregunta:

¿Qué le dirías a un amigo que está pasando por esta misma situación? Empieza por escribirlo aqui:

Verás que esta herramienta te ayudará a replantear tus pensamientos y sentimientos hacia ti, convirtiéndote en tu mejor aliado.

> *"Si crees totalmente en ti mismo, nada estará fuera de tus posibilidades".*
>
> Wayne Dyer

Y, sobre todo, nunca olvides que no nacemos confiando en nosotros mismos. La confianza se aprende, y puedes hacerlo fijándote en alguien que ya la manifiesta según el área que quieras trabajar.

Por tanto, busca a alguien que ya demuestre confianza en esa área e imítale. Toma como modelo su comportamiento, su actitud, sus valores, sus creencias y sus acciones, y aplícalo en el contexto que tú necesitas.

¿Lo vas a hacer?

Recuerda que pierdes el 100% de las oportunidades que no intentas. Para conseguir lo que quieres debes actuar.

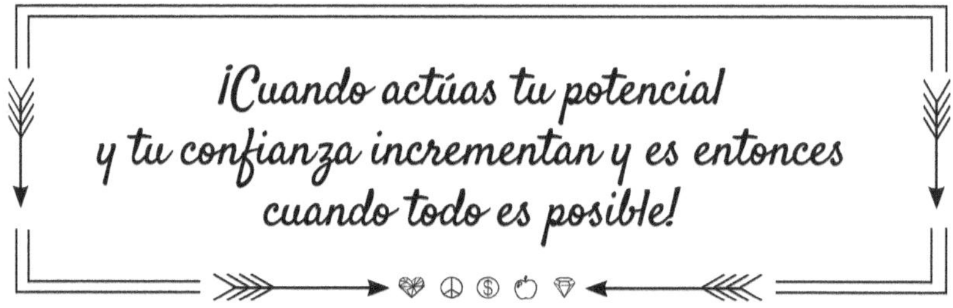

El cerebro buscará información, datos, recursos, herramientas y personas para frenar la tensión estructural entre tu deseo y la realidad. Solo tienes que desearlo fuertemente, trabajar duro y no desistir. Por el camino irán apareciendo las soluciones. No quieras visualizar toda la senda de golpe, cada paso te proporcionará información sobre el siguiente a dar. Tan solo debes empezar a caminar en la dirección que deseas, manteniendo una actitud positiva y consistente, enfocándote en tus mejores capacidades en lugar de en tus defectos.

Y sobre todo, ¡no te rindas por el camino!

Porque…

El momento en el que quieres desistir es justo cuando debes seguir insistiendo y lo que has soñado empieza a florecer en tu vida.

EL PODER DE LA ACTITUD

y la Fuerza de Voluntad

"Nada puede detener al hombre que posee la actitud mental correcta de lograr su objetivo; nada en la tierra puede ayudar al hombre con una incorrecta actitud mental".

THOMAS JEFFERSON

Siempre he considerado que la actitud y la fuerza de voluntad son dos ingredientes que marcan la diferencia en la vida de las personas. Es lo que nos hace crecer o estancar, incluso arruinarnos.

Una frase que siempre llevo conmigo es la siguiente:

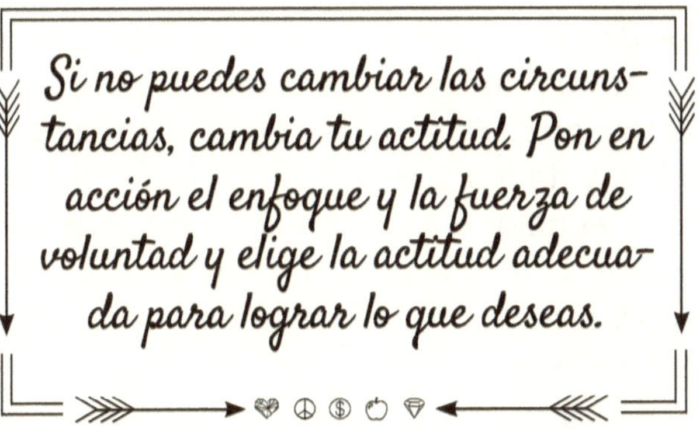

Mi madre siempre decía que mi hermana era muy inteligente, pero no tenía fuerza de voluntad para estudiar. En cambio, yo siempre he tenido mucha perseverancia y ganas de mejorar y lograr lo que me proponía, tanto en la escuela como en la universidad. Siempre procuro tener una actitud perseverante e intención positiva, porque sé que eso es lo que genera confianza en mí misma y entusiasmo para proyectarme hacia el siguiente peldaño en la escalera de mi vida.

Y, cuando mi mente se resiste, pongo mi fuerza de voluntad en acción.

Seguramente te has planteado las siguientes preguntas en varias ocasiones:

¿Por qué unas personas son más felices que otras, aparentemente teniendo las mismas circunstancias?

¿Por qué hay gente a la que parece que siempre le pasan cosas malas y otras que tienen suerte?

La realidad es que sí, que las circunstancias y las cosas que pasan pueden ser las mismas para todos, pero la actitud con la que cada uno las afronta es muy diferente.

La felicidad no depende de las circunstancias externas, sino de la actitud que adoptas ante la vida. Una vez más, eres tú el responsable de elegir entre una actitud pesimista, derrotista y de fracaso que te conducirá al pensamiento negativo, al dolor y al sufrimiento; o tomar una actitud positiva, alegre, entusiasta y enérgica, que con certeza te conducirá a la ilusión, la conexión con el presente, la felicidad y el éxito.

La causa de la infelicidad o depresión que sufre un porcentaje muy alto de personas es fruto de la actitud que adoptan ante la vida.

Comprendo que atravesar un episodio depresivo es una experiencia realmente dura: pierdes energía, concentración, ilusión y ganas de vivir. Soy consciente de que comenzar un nuevo día puede suponer un verdadero infierno.

Sé perfectamente lo que es, porque yo también lo he vivido, e incluso he estado a punto de cometer una locura. Pero un día, mientras leía el prospecto de uno de los medicamentos que me recetaban para la depresión, ¡desperté!

¿Cómo podía permitir con solo 24 años tomar el famoso medicamento Prozac, cuya lista de advertencias y precauciones es devastadora?

Fue en ese instante cuando **decidí cambiar mi actitud** y mis pensamientos, sobre todo aquellos más destructivos hacia mí misma. Ellos estaban dirigiendo mi vida y acercándome al precipicio.

Sí, porque aunque no lo creas, estuve al borde del abismo. Había terminado la carrera de Administración y Dirección de Empresas y a los pocos meses ya estaba trabajando con un salario que no estaba nada mal para la experiencia que tenía y la coyuntura económica del momento. Había conseguido independizarme, ya no vivía en casa de mis padres ni necesitaba su dinero. Me sentía aliviada por no tener que generarles más discusiones cada vez que necesitaba dinero.

Sin embargo, mantenía esa relación tóxica que ya te relaté anteriormente, que me estaba hundiendo en un agujero negro cada vez más profundo.

Cada vez me costaba más levantarme de la cama, no quería contarle a nadie lo que me estaba pasando y los sentimientos de angustia y tristeza comenzaban a invadir y dominarme hasta el punto de plantearme ponerle punto y final a mi vida.

A pesar de ello, algo me decía que esa no era la solución y que tenía que seguir adelante. Ahora sé que ese algo era mi genio de la lámpara interior, mi Esencia, mi Ser, mi

Voz Interior. Esa voz que he intentado callar durante mucho tiempo y que actualmente me guía en la lucha por mis sueños.

Me centré en cambiar mis pensamientos negativos por positivos. Activé mi fuerza de voluntad para volver a realizar las actividades con las que disfrutaba en el pasado, independientemente de que no me apeteciera. Y así fue como, poco a poco, empecé a recuperar mi vida y mi sonrisa de siempre.

No olvides que tu actitud ante la vida determina la actitud que ella tiene hacia ti. Así como tu actitud hacia los demás determinará la de ellos hacia ti.

¿Qué tienen en común Steve Jobs, Jeff Bezos, Gandhi, Penélope Cruz, Rafael Nadal, Jennifer López, Mireia Belmonte y Nando Parrado, uno de los pocos sobrevivientes del accidente aéreo de los Andes?

Su excelente actitud frente a todo lo que se propusieron alcanzar les ha permitido aprovechar al máximo su potencial, dejando huella y creando un estilo propio.

Todas las personas que consiguen sus objetivos y tienen éxito en la vida no se permiten pensamientos negativos sobre ellos mismos o sus circunstancias. Todos tienen en común que cuidan mucho su forma de pensar, actuar, caminar, hablar e, incluso, comportarse de la manera que quieren ser.

Háblate con cariño, afronta la vida con optimismo y con una sonrisa, cambia todo aquello que esté en tus manos y desees mejorar, pero sobre todo ¡MEJORA TU ACTITUD ANTE LA VIDA!

LA FUERZA
MÁGICA
del Universo

"La gran mayoría de las personas nacen, crecen, luchan y pasan por la vida en la miseria y el fracaso, sin darse cuenta de que habría sido tan fácil cambiar y obtener exactamente lo que quieren de la vida, reconociendo que la mente atrae las cosas sobre las que piensa"

NAPOLEÓN HILL

Nuestros pensamientos son una energía similar a las ondas de radio. Cuando pensamos irradiamos una vibración al universo.

Es energía que, si está bien encauzada, nos dará beneficios, pero si la proyectamos mal nos llevará a atraer situaciones y personas negativas. Esto es tan infalible como la ley de la gravedad. Por mucho que tu mente sea escéptica, la ley de la atracción existe y no puedes desafiarla.

Continuamente enviamos vibraciones de diferentes frecuencias al universo a través de la intensidad de nuestros pensamientos.

Por tanto, nuestra forma de ser atrae el tipo de cosas que tenemos. Si piensas positivamente atraerás cosas agradables y si eres negativo tu vida será triste y desafortunada.

Tus pensamientos y emociones emiten una señal que sintoniza con aquellas variables de la vida que están en la misma onda. Las atrae, como dicta la ley de la atracción.

La ley de la atracción está vinculada y depende de la ley de vibración, ya que las vibraciones similares se atraen y se juntan. ¿Algún día lo has podido comprobar con un instrumento musical?

Experimenta tocar con fuerza un "la" en un piano o una guitarra. Al soltar la tecla o cuerda comprobarás que en ese momento todos los "la" que hay en el instrumento musical sonarán.

Sí, vibrarán también, sin tocarlos. ¡Tienes que comprobar esto! ¡Tienes que experimentarlo!

Hacer este ejercicio incrementará muchísimo tus creencias en la ley de la atracción.

¿Te has dado cuenta de que quien habla de problemas económicos parece no poder salir nunca de ese círculo de escasez?

Por el contrario, quien habla de felicidad y prosperidad recibe abundancia en el dinero, salud y amor.

Así que ha llegado el momento de que decidas cambiar tus pensamientos para atraer tus sueños en la frecuencia adecuada.

> *Modificar el tipo de energía que emites hacia el universo te permitirá cambiar la vibración que desprendes y, además, las circunstancias de tu vida.*

Probablemente estás pensando que todo esto es una locura. Te entiendo, yo también lo pensaba.

Pero hace tiempo lo empecé a aplicar y descubrí que esta era la herramienta más potente y eficiente para salir del bache moral, económico y existencial en el que llevaba mucho tiempo estancada.

Como decía Albert Einstein:

"Locura es hacer la misma cosa una y otra vez esperando tener resultados diferentes"

Te puedo asegurar que mientras te estés quejando de tus carencias y problemas no te librarás de ellos. Si te lamentas por tu triste situación, el universo enviará una señal diciendo que necesitas más de lo mismo.

Los pensamientos y emociones son una herramienta muy poderosa que, si la sabemos utilizar, nos llevará a tener una vida plena de felicidad. Sin embargo, si la utilizamos de forma inadecuada, nos destruirá.

Según escojas tus pensamientos podrás crearte el cielo o el infierno en la tierra. Aprovecha la libertad con la que naciste para elegir aquellos pensamientos que dirigen tu vida. Tú escoges la senda que quieres recorrer y lo que quieres llevar en el trayecto.

Te voy a contar una antigua leyenda.

Había tres hombres que cargaban dos sacos, cada uno sujeto a sus cuellos, uno al frente y el otro a sus espaldas.

Cuando al primero de ellos le preguntaron qué había en sus sacos, respondió: "Todo lo bueno que me han dado mis amigos se halla en el saco de atrás, fuera de mi vista, cosas que con el tiempo he olvidado. El saco de delante contiene todas las cosas desagradables que me han acontecido y que me hacen detenerme con frecuencia en mi caminar, extrayéndolas y examinándolas desde todos los ángulos posibles. Me concentro en ellas y las estudio, dirigiendo todos mis sentimientos y pensamientos hacia ellas".

Como este hombre siempre estaba deteniéndose a reflexionar sobre los infortunios que le habían sucedido en el pasado, avanzaba muy poco.

Cuando al segundo hombre le preguntaron qué era lo que llevaba en sus dos sacos, contestó: "En el saco de delante están todas las buenas acciones que he hecho. Las llevo delante de mí y continuamente las extraigo y exhibo para que todo el mundo las vea. Mientras que el saco que llevo atrás contiene todos mis errores. Los llevo conmigo a dondequiera que vaya. Es mucho lo que pesan y no me permiten avanzar con rapidez, pero por alguna razón no puedo desprenderme de ellos".

Al preguntarle al tercer hombre sobre sus sacos, dijo: "El saco que llevo al frente está lleno de maravillosos pensamientos acerca de la gente, los actos bondadosos que han realizado y todo lo bueno que he tenido en mi vida. Es un saco muy grande y está lleno, pero no pesa mucho. Su peso es como las velas de un barco, lejos de ser una carga, me ayudan a avanzar. Por su parte, el saco que llevo a mis es-

paldas está vacío, pues le he hecho un gran orificio en el fondo. En él puse todo lo malo que escuché de los demás, así como lo negativo que a veces pienso acerca de mí mismo. Esas cosas se fueron cayendo por el agujero y se perdieron para siempre, de modo que ya no hay peso que me haga más penoso el trayecto".

Esta historia, que personalmente tengo siempre muy presente, representa muy bien los tres tipos de personas que existen y con las que nos encontramos a diario.

Las que están todo el día quejándose; las que exhiben sus buenas acciones, pero siguen cargando con sus errores, y las personas que siempre están felices con todo lo bueno que les da la vida y van deshaciéndose de todo lo negativo que les sobreviene.

Igual que el tercer hombre, despréndete de todo lo negativo. Borra los comentarios que te causan daño y conserva los que te llevan a ser una mejor persona. Los que te alientan, los que te hacen más ligero el camino.

No te enganches en emociones negativas. Déjalas fluir dentro de ti y aprende lo que puedas de ellas para no tropezar dos veces con el mismo error. ¡Sácalas de tu interior!

Si te sientes triste actúa como si estuvieras alegre y verás que, en poco tiempo, te sentirás mejor. De esta forma, tu tristeza se disipará.

Si eres perezoso actúa con rapidez. Esto te **activará** y podrás adquirir mejores hábitos.

Si estás enojado, **sé amable con los demás** y la respuesta que obtendrás cambiará tu humor.

Si estás enfermo, siéntete saludable y notarás las mejoras en tu cuerpo.

Este tipo de actitud produce cambios hormonales y fisiológicos en nuestras emociones y, por tanto, también en nuestro cuerpo y entorno.

Si piensas que solo aquellos que ganan el premio mayor de la lotería son afortunados, estás equivocad@. Piensa en que tú eres dichoso porque estás viv@, por poder disfrutar cada día de tus sentidos. De la vista para mirar todo lo bueno que ocurre a tu alrededor. Del oído para disfrutar la música, la risa de un niño, el canto de las aves. Del olfato para gozar la fragancia de una flor, el olor de un alimento. Del tacto cuando sientes el calor del sol o una caricia.

Piensa en la cantidad de personas que hoy se van a dormir y mañana ya no se despiertan o lo hacen en un hospital.

Así que hoy, ahora, es el momento para cambiar tu vida.

VISUALIZA Y ALUMBRA TUS SUEÑOS CON LOS CINCO SENTIDOS

¿Estás preparado para empezar a crear tu nuevo destino?

Recuerda que lo que hoy **pienses, decidas y declares es tu nueva realidad de mañana.**

Empieza a conectar con tu corazón, llevando allí toda tu atención. Atiende a lo que te cuenta y las sensaciones que te deja. Por muy absurdo que te parezca lo que escuchas por su parte no lo calles, acéptalo y deja que se sigan liberando todos tus deseos.

Ahora comienza a crear y a escribir la historia de tu vida. Visualiza una imagen clara de lo que tu corazón te acaba de contar y descríbela con todos los detalles posibles. Es muy importante que lo hagas ahora, en tiempo presente. Describe también la imagen de cómo te sentirás cuando se manifieste tu deseo.

Apunta todo lo que te apetezca, pero para que puedas aumentar la intensidad emocional aplica los cinco sentidos en la historia de tu vida que estás escribiendo.

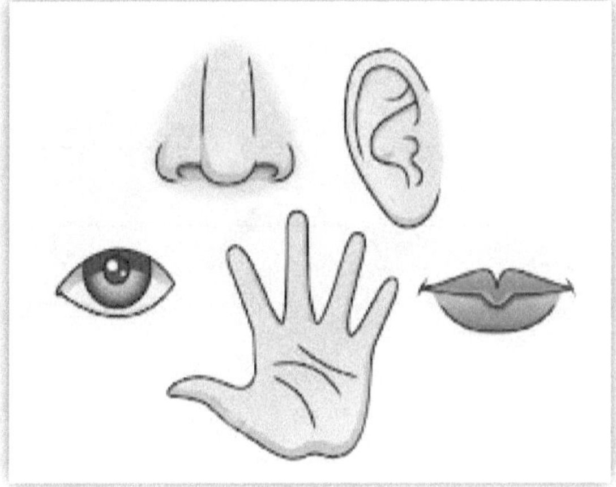

Asegúrate de que en tu película has visto, tocado, escuchado, saboreado y olido algo, además de haberte relacionado con una persona.

◆ ◆ ◆

RECUERDA QUE SI NECESITAS AYUDA PARA PONER EN PRÁCTICA ESTE EJERCICIO, POR FAVOR ENVÍAME UN CORREO ELECTRÓNICO A <u>TUVERDADEROVALOR@GMAIL.COM</u> Y ESTARÉ ENCANTADA DE PODER AYUDARTE.

Quizá te ocurra que no encuentras la manera de tener lo que realmente quieres y aquello que verdaderamente deseas con todas tus fuerzas.

Si es así presta atención a lo que te voy a contar: no te preocupes por saber a través de qué canal te llegará lo que anhelas, pues eso es trabajo del universo. Todas sus fuerzas comenzarán a reestructurarse por sí mismas para hacer que tus pensamientos se materialicen.

> *"No necesitas ver toda la escalera, solo necesitas empezar a subir con fe los primeros peldaños".*
>
> Martin Luther King

O sea que, ¡atrévete a pedirle al universo todo lo que quieras! ¿No es fantástico? El universo es tu genio de Aladino: ***"Tus deseos son órdenes"***.

Sin embargo, hay una última premisa que debes tener en cuenta: que has de empezar por el final. Es decir, que tienes que sentirte como si tu deseo ya se hubiera cumplido. De esta manera, imprimes en el subconsciente tu deseo realizado. Este recibe estas imágenes y lo expresa como verdadero.

Todo lo que pienses y sientas como algo presente debe formar parte de tu día a día, en tus conversaciones y acciones. Aunque hayas definido claramente una imagen de tu deseo, si no lo sientes ni actúas con la sensación de deseo cumplido, resultará muy difícil hacerlo realidad.

Cuando empecé a escribir este libro visualicé tenerlo terminado y que obtenía una gran repercusión y alcance, llegando a millones de lectores entre los que tú te encuentras. Aunque no lo hubiera acabado, aunque solo tuviera redactado el primer borrador, me focalicé en esa imagen desde que tomé la decisión de escribirlo.

Cada día escribo mi deseo y visualizo todas las sensaciones que experimento por haberlo conseguido, por saber que será leído por millones de personas y, lo más importante, por ser consciente de la transformación que puedo aportarles en sus vidas.

La experiencia no fue fácil. Al principio me costaba sentir la emoción que tendría cuando mi deseo se viera cumplido. Pero al cabo de unos días, para ser más precisos después de 21 días de trabajo, pude visualizarlo. Y te puedo asegurar que hasta se me saltaron las lágrimas del grado de emoción que pude llegar a alcanzar.

Es una experiencia maravillosa y, sinceramente, espero que la pongas en práctica para atraer todo aquello que deseas.

> *"Convierte tu sueño futuro en hecho presente asumiendo la sensación del deseo cumplido"*
>
> Neville Goddard

Imagina tu vida como si fueras rico, estuvieras sano y tuvieras una pareja maravillosa. Pero no te limites solo a visualizarlo, siéntete como si ya estuvieras experimentando los lujos, la energía y el estilo de vida que deseas.

Por ejemplo, imagínate conduciendo ese coche que siempre has querido, del color y la marca que siempre has soñado. Siente las sensaciones que estás experimentando mientras lo conduces en dirección a uno de tus lugares favoritos. Si lo prefieres, piensa en la casa que te gustaría tener, en cuántas habitaciones tendría, recrea en tu mente las sensaciones de un baño relajante, siente el olor de la comida que sale de la cocina o visualiza que haces deporte en tu gimnasio privado... Seguro que te sientes bien, ¿verdad?

Haciendo este ejercicio desatas los poderes de tu subconsciente y lo rediriges hacia lo que estás soñando.

Cuando termines da gracias a Dios, al universo o fuerza superior, como quieras llamarlo, por haberte escuchado y concedido tus ilusiones.

Al estar agradecido estás ordenando a las leyes del universo que trabajen a tu favor. Estás confirmando que estás aceptando grandiosamente todas esas bendiciones. Experiméntalo, visualízalo y siéntelo varias veces al día. Lleva contigo la libreta de tus sueños cumplidos, por si a lo largo del día te hace falta leerlo de nuevo y recordar la imagen mental que has creado.

Cuando empecé con los ejercicios de visualización creativa me veía en tercera persona. Sin embargo, al tiempo me di cuenta de que es muy importante verse y sentirse verdaderamente involucrado en esa imagen mental.

Visualízate como si estuvieras ya experimentando tus metas de primera mano, no como un espectador. Entra en la película y revívela, siéntela. Escucha, huele, observa, habla y toma contacto con alguien.

Siente y toma acciones diarias con el sentimiento de que "ya lo tienes". Para estar en el estado de consciencia necesario para atraer aquello que anhelas hay que tener en cuenta lo siguiente: sentir que "Lo Tengo" desde **"Yo**

soy eso", desde la misma vibración de aquello que anhelo, como si fueseis uno. ¡Eso sí es vibrar en sintonía!

¡Empieza ahora a crear tu propia vida!

SUERTE O AZAR, FRUTO DE LA LEY DE LA ATRACCIÓN

Se suele decir que cuando una persona consigue lo que quiere tiene suerte. Pero tener suerte es lo mismo que utilizar la ley de la atracción de un modo positivo. Lo mismo pasa con lo que denominamos azar.

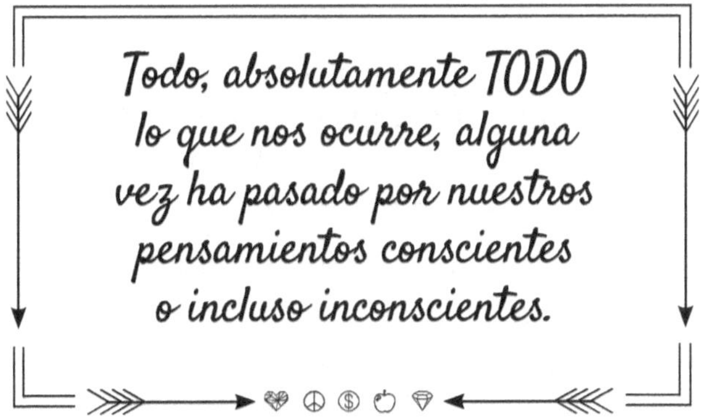

Seguro que ya has vivido alguna situación que no querías vivir, pero en algún momento has pensado o dicho que no querías esa circunstancia en tu vida. Y, como todos nuestros pensamientos son creación, siempre recibes de vuelta lo que algún día has pensado.

Si vemos la naturaleza a través de los ojos de un microscopio percibiremos que está compuesta por millones de átomos que, a su vez, están compuestos por millones de partículas que se encuentran en continuo movimiento. Todo está vibrando, todo está evolucionando, aunque no lo veamos.

Tus pensamientos constituyen una forma de energía que vibra a una velocidad determinada en función de la intensidad emocional con la que vayan acompañados.

Gracias a tus pensamientos diriges la energía libre (que potencialmente puede ser cualquier cosa todavía, pues aún no está manifestada) mientras la ley de la atracción pone de su parte para unir esa energía con otra de la misma frecuencia vibratoria.

La gran enseñanza de la vida es adquirir la capacidad de dirigir tus pensamientos hacia lo que realmente quieres. Y esto no se aprende ni en el colegio ni en la universidad. Tampoco te lo enseñaron en casa, aunque es la base de todo lo que acontecerá en tu vida.

Si aún tienes dudas, reflexiona sobre esto: ¿Cómo es posible que a través de unas ondas emitidas en la frecuencia adecuada podamos recibir música e información auditiva cuando encendemos la radio?

Lo mismo pasa con las ondas que emiten nuestros pensamientos y emociones.

> *A través del pensamiento y el corazón tus sueños se acercarán a ti y con la acción los recibirás con los brazos abiertos.*

Pero no basta solo con pedir. No nos sirve de mucho demandar con humildad esas metas en nuestra vida si no ponemos de nuestra parte.

Ten confianza siempre en ti mismo, rema con fuerza hacia adelante para que tus pensamientos, tus emociones y tus acciones pongan rumbo hacia ese camino que anhelas.

¡Ah! Y lo que es muy importante, utiliza el corazón. Como te expliqué anteriormente, este es el órgano que más energía produce en nuestro cuerpo.

El corazón crea un campo electromagnético que nos envuelve y que se expande hacia afuera entre 1,5 y 2,5 metros.

Este campo es sensible a nuestras emociones y, por tanto, varía cuando sentimos frustración, gratitud, amor, compasión, comprensión o perdón. Son ondas que afectan la materia que compone todo lo que nos rodea.

Así que atraeremos a las personas y a las situaciones que están en sintonía con nuestra forma de pensar, sentir y actuar. Si somos positivos, atraeremos acontecimientos y personas positivas, y viceversa.

En ocasiones también es determinante el ambiente que nos rodea en nuestras relaciones personales, familiares y laborales.

Por ejemplo, en el ámbito laboral, yo siempre he tenido un entorno optimista, lo que ha generado automáticamente en cada empleado una actitud positiva, de entrega, de superación de retos, donde nada es imposible.

De esta manera, potenciamos una vez más la ley de la atracción, donde lograr objetivos es un juego entretenido, con mucho aliciente.

Te invito a que empieces desde ya a comprobar la mágica ley de la atracción. Comienza a experimentarla con pequeños deseos de tu día a día y luego aplícalo a tus grandes sueños. Por ejemplo, yo empecé a aplicarlo con el aparcamiento.

Tuve la suerte de que la plaza de aparcamiento que tenía alquilada justo debajo de mi casa la vendieron. Por este motivo, tuve que empezar a buscar un nuevo aparcamiento en la calle. También tengo la suerte de que en la zona donde vivo es muy difícil aparcar. Sí, has leído bien. Estoy diciendo que tuve suerte de quedarme sin la plaza de aparcamiento que había justo debajo de mi casa y que, encima, soy afortunado por tener dificultades para aparcar en la zona.

Creerás que estoy loca, pero la verdad es que estoy feliz por ello. Gracias a esta nueva situación puedo aplicar todos los días la ley de la atracción y comprobar que, ¡sí, funciona! Recuerdo que una noche llegué muy tarde de cenar con unos amigos y, por un momento, mi mente pensó que sería muy difícil aparcar cerca de casa. Era viernes, dos de la madrugada, cuando la mayoría de la gente duerme y la probabilidad de que alguien vaya a coger su coche es prácticamente nula.

Sin embargo, rápidamente le di la vuelta a mi mente y cambié mis pensamientos, visualizando y estando segura de que iba aparcar, además delante de casa.

Pasé con el coche por mi calle y, efectivamente, no veía ningún hueco libre. Pero seguí focalizando mis pensamientos en lo que yo había decidido y visualizado. Así que di la vuelta a la manzana y, al pasar de nuevo por delante de mi casa, vi a una pareja que se dirigía a coger su vehículo.

Lo cierto es que en aquel momento me pregunté de dónde habían salido esas dos personas, porque tuve la sensación de que eran unos ángeles caídos del cielo que habían aparecido allí, por arte de magia, para hacer realidad mi deseo. ¡Me empecé a reír y di las gracias!

Cuando recibí el informe médico sobre la ecografía de la tiroides me propuse mantenerme positiva. Cada día declaraba delante del espejo cómo me quería sentir para así creerme y visualizarme saludable en todo momento.

Te podría poner más ejemplos, pero no quiero extenderme mucho sobre este asunto ahora. ¡Te lo contaré en futuros libros!

LA LEY DE LA ATRACCIÓN Y LA FAMA

Si aún tienes dudas, te voy a dar más datos para que tus creencias cambien y aceptes que la ley de la atracción funciona.

Son muchas las personas famosas que han utilizado la ley de la atracción para llegar a la fama. Te dejo aquí algunos ejemplos.

Jim Carrey

A principios de 1990, Jim Carrey era un actor desconocido que luchaba por salir adelante. Cada noche, mientras regresaba del trabajo conduciendo, se visualizaba alcanzando sus metas como actor. En aquel entonces no tenía dinero, pero él se visualizaba y decía que ya lo poseía. Tanto se lo creía, que un día decidió extenderse un cheque por valor de millones de dólares a sí mismo, con fecha de 1994. Lo llevó en su cartera para que le sirviera de inspiración diaria. En 1994, Jim Carrey firmó el contrato para su papel en *Dos tontos muy tontos*, donde constaba que iba a ganar exactamente diez millones de dólares.

Hoy en día, J. Carrey es una de las principales estrellas de cine de Estados Unidos y atribuye a su método de visualización constante haber llegado donde está.

Arnold Schwarzenegger

Cuando era un joven atleta, Arnold Schwarzenegger usó el poder de la visualización para alcanzar sus objetivos de culturismo. Como él mismo decía "Yo tenía la idea fija de desarrollar un cuerpo como el de Ray Park. Esa imagen siempre estaba en mi mente. Cuanto más me centraba en ella, más trabajé y crecí. Cuanto más real lo veía, más posible era para mí ser como él". Años más tarde, cuando empezó en la política, manifestó que había empleado trucos mentales similares: "Lo que hago es crear una visión de lo que quiero ser y luego vivo esa imagen de mí como si fuera cierta".

Will Smith

Actor y gran defensor de la ley de la atracción, asegura que su pensamiento positivo le ha ayudado a alcanzar la felicidad. Siempre ha reconocido que las técnicas de visualización le empujaron hacia el camino del éxito. En varias entrevistas ha dejado muy claro su conocimiento sobre esta ley y cómo la pone en práctica y la aplica en su vida diaria.

Will Smith afirma que hay que enfocarse en hacer lo que uno pretenda y no permitir que nadie, absolutamente nadie, diga que no lo puedes hacer. "Antes de que alguien más lo crea, tú tienes que creerlo primero, no hay razón para un plan B. Elimina todas las demás posibilidades", asevera.

El actor indica que ser realista es el camino más comúnmente transitado a la mediocridad y que nuestros pensamientos se materializan. Que enfocarse es fundamental, así como enfrentarse a los miedos y temores.

"Protege tus sueños y serán parte de tu presente", ha dicho en alguna ocasión. Comulga con la idea de que la grandeza está en todos, que no es una cualidad maravillosa, esotérica o especial, sino algo simple que está en cada uno de nosotros. "Sé quién soy, sé en qué creo y eso es todo lo que necesito saber", afirma.

Para Will Smith no hay atajos. No todo es talento, pues este te puede fallar si no estás capacitado, si no trabajas realmente duro y no te dedicas a ser mejor cada día. "Mientras los demás duermen, yo estoy trabajando. Mientras los demás comen, yo estoy trabajando", añade.

Con apenas 12 años, su padre le dijo a él y a su hermano de nueve, que tenían que reconstruir una de las paredes de su negocio. Ellos le contestaron que eso era imposible, pero su padre añadió: "Jamás digas que hay algo que no puedes hacer".

Lady Gaga

La cantante y actriz explica cómo creó su álbum y su *hit* número uno:

"Sucedió cinco años atrás, pero es como un mantra. Te repites a ti misma todos los días la música es mi vida, la música es mi vida. La fama está dentro de mí. Voy a crear un álbum número uno y un *hit* número uno. Y todavía no es realidad, es una mentira. Te estás diciendo una mentira una y otra vez hasta que un día, la mentira se hace realidad".

Conecta tu mente y tu cuerpo con el canal de la abundancia y verás cómo te llegará el dinero, la salud y el amor que deseas. Pero es muy importante que no te preocupes acerca de cómo te va a llegar. La preocupación emite vibraciones de miedo y así generarás escasez.

Si tu deseo es tener una casa, un coche nuevo, un sueldo superior, más salud, más amor, lo que sea, visualízate constantemente en esa casa, ese coche, ese salario, esa salud y ese amor de tu vida. Siéntete y actúa como si ya lo tuvieras.

Si tu meta específica está relacionada con la salud debes declararte, visualizarte y sentirte perfectamente saludable. Con la visualización y el sentimiento de sentirte bien atraerás también a tu vida actitudes de una persona saludable.

El universo se comunica contigo a través de tus sentimientos para decirte en qué frecuencia te encuentras en este momento.

Así que para que el universo te termine de entender, siéntete bien, con alegría, gratitud, merecimiento, amor, fe y todo lo que quieras alcanzar. Por muy grande y difícil que parezca, se hará realidad.

Cuando te sientes de esta manera, vibras alto y puedes crear todo lo que deseas.

¿A qué estás esperando para crear tu impresionante y maravilloso futuro?

Date la oportunidad de probarlo durante por lo menos dos meses. ¿Qué son 60 días con toda una vida que tienes por delante? Quizá todavía estés pensando que es una locura, pero cuando lo pruebes no me creerás tan loca.

Ya sabes, tu trabajo es crear y desear con todas tus fuerzas. Pero no te quedes sentado esperando, pues cada día debes tomar acción. Puede ser que esa acción no te lleve directamente hacia tus sueños, pero sin duda te guiará hacia ellos.

Después, debes soltar al universo y esperar con fe inamovible.

Esta frase la repito muy a menudo porque refuerza mi confianza en mí misma y en Dios, en el universo. Se incrementa mi fe en que mis deseos se materializarán.

Habla en positivo, ejercita afirmaciones positivas y poderosas, sintiendo emociones positivas. Esto es lo que va a cambiar tu prototipo de prosperidad, de dinero, de riqueza personal y de bienestar en tu vida.

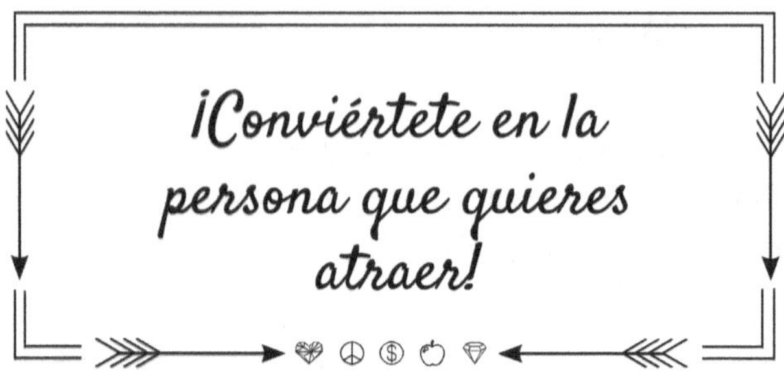

¿Ya sabes todo lo que quieres atraer a tu vida? ¿Has incluido en tu listado de deseos cumplidos lo que tu corazón realmente anhela? ¿O aún no tienes claro cuál es tu propósito en esta vida?

Acompáñame unas páginas más que te quiero ayudar…

EL PODER DE LA ALEGRÍA

y la
Motivación

"Sentirse alegre significa que es usted increíblemente inteligente, porque sabe que, si vive la vida en un estado de placer (tan intenso como para transmitir una sensación de alegría a quienes le rodean), puede tener el impacto de afrontar prácticamente cualquier desafío que surja en su camino".

TONY ROBBINS

Cuando éramos niños todo parecía mucho más fácil, emocionante y divertido. Los sueños eran realizables y la constancia era nuestra compañera en todo lo que queríamos lograr… Sin embargo, a medida que vamos creciendo, olvidamos nuestros sueños, nuestra ilusión en la vida.

Va pasando el tiempo y nos dejamos programar por los demás. Empezamos a entrar en el círculo vicioso de la comodidad y la persistencia se debilita. De esta manera, nos hacemos esclavos de la rutina y perdemos de vista aquello que es para nosotros importante para alcanzar una vida llena de alegría y satisfacción.

Bañamos nuestro inconsciente de energía negativa (tanto con nuestros propios pensamientos como con los de los demás), lo cual es totalmente contradictorio a nuestro estado natural de alegría. Por eso, en raras ocasiones nos sentimos con mejor ánimo.

Cuando **nos encontramos mal es debido a uno o varios pensamientos que no tienen nada que ver con la alegría, más bien con el enojo, la preocupación, el estrés, la culpa, la soledad, el resentimiento, la duda, la frustración o, incluso, una leve inquietud.**

Todo esto son pensamientos fundados en el temor, que vibran con nosotros a una frecuencia extremadamente baja, lo que provoca que no nos sintamos bien.

En varias ocasiones estamos vibrando todo el día en la baja frecuencia y pensamos que es nuestro estado normal.

De este modo empezamos a entrar en un círculo vicioso. Los sentimientos conscientes e inconscientes que tenemos todos los días, creyendo que son normales, están enviando vibraciones negativas que van en contra de nuestra naturaleza, lo que nos hace sentir deprimidos, indiferentes o como si simplemente existiéramos o no tuviéramos sentimiento alguno.

Puesto que todos estos sentimientos que estamos enviando son vibraciones de baja frecuencia, y que somos conscientes de cómo funciona la ley de la atracción, podemos deducir que así solo atraeremos situaciones y personas desagradables y escasez económica a nuestra vida. Esto nos hará sentir bajos de ánimo y a su vez estaremos enviando más vibraciones de baja frecuencia, lo que atraerá todavía más escenarios de igual intensidad. Y así podríamos seguir indefinidamente.

Por tanto, merece la pena ser consciente de que cada uno de nosotros tiene el poder para determinar su propio estado de ánimo y, consecuentemente, el rumbo de su vida.

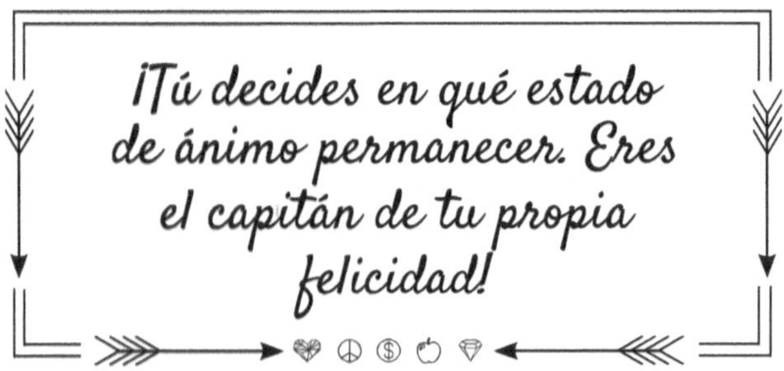

LA MEJOR
MEDICINA

Todos tenemos a nuestro alcance la mejor medicina para hacer frente a esos bajos estados de ánimo: la risa. Y tenemos la suerte de que no hace falta comprarla en ningún establecimiento, ni tiene contraindicaciones en cuanto a dosis máximas.

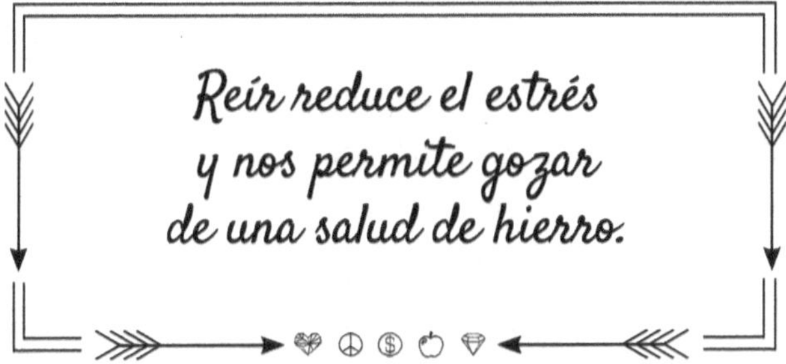

Son muchos los beneficios de andar por la vida con una sonrisa dibujada de oreja a oreja.

Está comprobado científicamente que la risa reduce hormonas como el cortisol, íntimamente relacionadas con la ansiedad, el estrés y el insomnio. Al mismo tiempo, provoca un aumento de las endorfinas y hace proliferar las células que producen los anticuerpos que mantienen a raya las enfermedades.

Así que, ante cualquier situación, incluso la más triste, es preferible reír que llorar. Verás cómo te quitas ese peso que no te deja respirar.

La relajación que conseguimos tras unos segundos de risas continuas es increíble, ya que movemos varios grupos de músculos y oxigenamos los pulmones. La presión en el rostro baja, principalmente en la mandíbula, así como en la espalda y en los hombros. ¡Casi como un masaje de una hora!

El sentido del humor nos permite ver las cosas desde otra perspectiva. Utilizándolo, cada problema que tenemos enfrente se convierte en un desafío y no en un obstáculo.

Todo parece menos peligroso, menos amenazador y más fácil si lo hacemos con una gran sonrisa. Afrontar las cosas de manera positiva no es ser inconsciente, sino práctico y saludable.

Si permanecemos estresados durante mucho tiempo, uno de los primeros órganos en debilitarse es el corazón. Muchos ataques cardíacos están causados por un episodio de ansiedad, nerviosismo y estrés excesivo.

Reír todos los días es la mejor terapia para mantener en buen estado la circulación y la oxigenación de la sangre.

Seguramente ya hayas escuchado eso de que una buena sonrisa abre muchas puertas. Ya sea para una entrevista de trabajo, en el súper o a la hora de pedir un favor a un amigo, prueba a decir lo mismo con una sonrisa y sin ella, **y verás los resultados.**

Las posibilidades de tener éxito y lograr lo que deseamos aumentan si nos dirigimos a los demás con una amplia sonrisa dibujada en la cara.

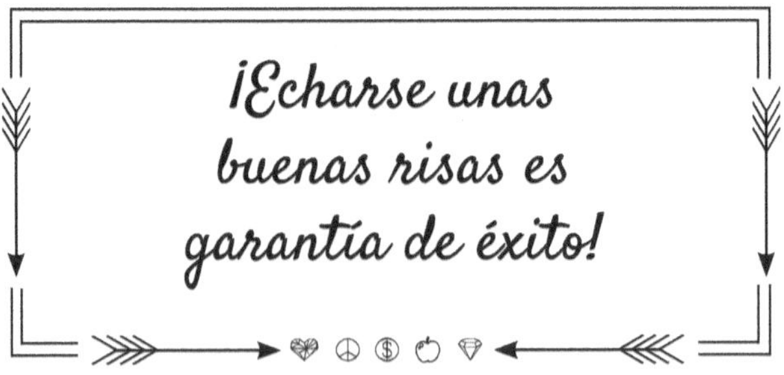

Abandona la idea de que no tienes ganas de reír. El ser humano cuenta con el poder de alimentar el sufrimiento propio y también tiene la capacidad de generar más alegría.

Según Buda, la clave de la felicidad se encuentra en nuestra gestión interna, que incluye las actitudes y reacciones que tomamos y aplicamos en la vida diaria.

Si sientes que no hay nada en tu vida que merezca la pena, si te levantas y no encuentras motivos que te aporten alegría porque todo te va mal debes encontrar la motivación que has perdido.

Escúchate y trata de encontrar un motivo que despierte esa alegría. En el caso de que estés tan apagado que no te resulte fácil encontrar esa motivación, entonces oblígate a reírte y verás cómo te sentirás mejor.

Uno de los elementos fundamentales para alcanzar nuestras metas para ser felices es la motivación. Así que primero define bien tus objetivos, tu propósito en la vida, y cada vez que te levantes sin motivación conecta con el porqué de tus metas. Piensa en todas las cosas buenas que obtendrás alcanzándolas, ya sea una mejor situación financiera, familiar, física o amorosa.

Pensar en los cambios y progresos que sucederán en tu existencia una vez hayas logrado tus objetivos te aportará muchísima energía, conectarás de inmediato con tus deseos y empezarás a sentir motivación para seguir construyendo tu nuevo estilo de vida.

Si te va mal y te concentras en todo a la vez, tendrás ganas de tirar la toalla, porque habrá tanta desorganización en tus pensamientos que no sabrás por dónde empezar.

Es como cuando tienes que hacer muchas tareas. Si te pones a pensar en la cantidad de labores que debes hacer acabarás por no tener ganas de realizar ninguna. Hay que ir poco a poco y no dejar que la mente mezcle tantos problemas y contratiempos.

Empieza enfocándote solo en una cosa que desees y quieras conseguir. Desear muchas a la vez puede hacer que no te enfoques en ninguna y termines sin intentar nada.

A la hora de iniciar cualquier acción, el mayor problema reside en nuestras exigencias. Queremos obtenerlo todo de forma rápida y fácil, pero si no la inicias poco a poco nunca lo conseguirás.

Da el primer paso y todo lo demás vendrá después. Cree en ti, ten fe en que lo puedes conseguir y únelo todo con la emoción que sentirás cuando lo logres.

Analiza todas las circunstancias de tu vida que deseas cambiar, acéptalas **y sé consciente de que los seres humanos <u>somos</u> <u>creadores de nuestro proprio destino</u>**.

Conecta con tu interior y empieza a tomar acción en el área que te dicte tu alma y tu corazón.

Nada se consigue desde la pereza, por tanto, si ya tienes ese motivo que te va a ayudar a reconquistar la alegría, empieza a pensar qué acciones vas a llevar a cabo.

Sé consciente de que estás en el camino hacia tus sueños. De esta manera te sentirás mucho más motivado.

Alcanzar tus ideales es importante, pero mucho más lo es disfrutar del camino, especialmente si estás pasando por un mal momento y necesitas recuperar la alegría en tu vida.

Mantén tu mente equilibrada y disfruta de todo lo que te rodea, aprécialo y valóralo, incluso las pequeñas cosas. Esto es lo que más te ayudará a salir de un estado de pesimismo y tristeza.

En cualquier camino hay cosas bonitas, pero si te estancas no las verás. Continúa caminando con fe y confianza en ti mismo, te sientas como te sientas. Estoy segura de que encontrarás nuevas alegrías que despertarán tu corazón.

El ejercicio físico y la meditación son herramientas muy potentes para reforzar el entusiasmo y la motivación.

Si eres novato en la meditación, empieza por hacerlo diez minutos por la mañana y otros diez por la noche. A medida que lo vayas practicando tu cuerpo te pedirá más tiempo.

Sal a caminar, corre, monta en bici, haz lo que más te guste, pero practica ejercicio al menos dos o tres veces a la semana.

A mí, personalmente, ir en bici, meditar y hacer yoga me ayuda mucho a alejar los pensamientos negativos y conectar con mi interior, me transmite paz y me hace percibir la verdad de las cosas.

Volviendo a la música, ya te expliqué que aporta muchos beneficios y promueve la motivación. Aunque no te apetezca escucharla, fuérzate a ponerte música movida en casa, canciones con letras que incluyan mensajes positivos. ¿Sabías que nuestra mente se activa cuando recibe ondas marchosas?

¡Baila y siente tu corazón al ritmo de las notas musicales y seguro que te sentirás motivad@ para seguir en el camino hacia tus sueños!

¿ESTÁS CUMPLIENDO tu propósito de vida?

"*El secreto de la existencia humana no solo está en vivir, sino también en saber para qué se vive*".

Fiódor Dostoyevski

¿Tienes un motivo por el cual te levantas por la mañana replet@ de energía y motivación?

¿Sabes cuál es tu razón de vivir? ¿Para qué y por qué vives?

Si tu respuesta es no, mi pregunta para ti es la siguiente: ¿No crees que es mejor tener ese motivo, esa razón, ese propósito? ¿Y además tenerlo cuanto antes?

Si no poseemos una razón personal, expresa y motivadora para despertarnos, el esfuerzo que hacemos cada jornada no tiene sentido y empeorará día a día.

Especialistas en el área de la salud mental afirman que, cuando una persona tiene un propósito definido, su vida se llena de sentimientos positivos, recupera el control, dejando de lado las incertidumbres, los miedos y la tristeza. Empieza por escribir aqui tus motivos para vivir:

____

____

____

____

____

Enfocarse en lograr ese objetivo es lo que generará la energía y motivación para levantarse con ganas de comerse el mundo.

Dejar de tener un motivo por el que vivir cada día es sucumbir ante los regalos que nos pone delante la vida.

Por otra parte, ¿la inercia de la rutina te está arrastrando?

Eso significa que has renunciado a la libertad que TODOS tenemos de elegir, decidir y crear nuestro propio destino.

Por favor, tómate unos minutos para pensar en lo siguiente:

¿El camino que estás recorriendo hoy resuena en tu corazón, en tu interior, en tu ser?

No contestes a esta pregunta con la mente, siéntela y contéstala con el corazón. Busca la respuesta en lo más profundo de tu ser.

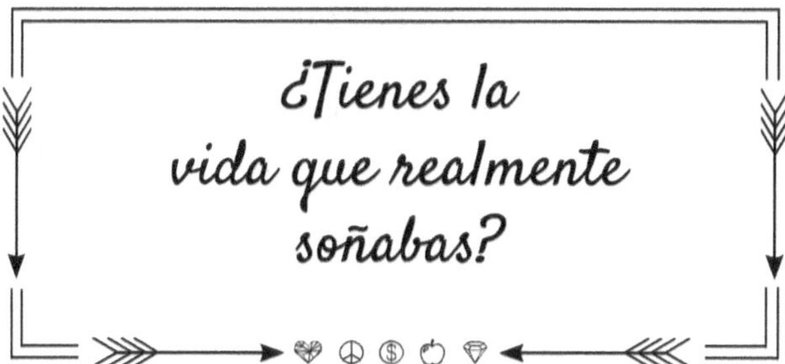

Y si no es así, ¿por qué no has alcanzado el éxito en la vida? ¿Te rendiste? ¿Haces pequeños cambios y vas caminando de puntillas porque tienes miedo a fracasar?

Tienes que pisar fuerte por el camino, con confianza en ti y tus sueños. Si estás aquí es por algo. Tienes una razón de ser, una misión en este mundo.

¡Toma las riendas de tu vida y haz lo que tanto deseas!

Una vida con sentido es la única manera de vivirla repleta de felicidad. Puede que tu mente lo esté negando, dibujándote hoy todas las dificultades, obstáculos y frustraciones que encontrarás más adelante.

Pero, ¿sabes qué?

Que los obstáculos son oportunidades enmascaradas, oportunidades de crecer, de fortalecerse. Una vez las superas, eres consciente de lo mucho que eres capaz. Saborearás los logros y ya no recordarás los baches que los alimentaban.

Inmortalizarás la fuerza que ganaste en ese camino y las garras que desarrollaste para no caer en la rendición y avanzar al siguiente escalón.

En mis siguientes libros me extenderé más en mi relato sobre casos de luchador@s de sueños. De momento, te voy a contar algunos de ellos, con el fin de que sus ejemplos puedan ayudarte aún más en tu reprogramación y decidas, de una vez por todas, luchar por lo que te apasiona de verdad.

No esperes a que la vida te ponga entre la espada y la pared para decidir. **¡Decide ya y decide bien! ¡Solo tú puedes hacerlo!**

El motero australiano **Alan Kempster**, después de sufrir un grave accidente por el que le tuvieron que amputar un brazo y la pierna derecha, no se rindió y logró el sueño por el que peleaba, ser piloto de motociclismo.

A los 48 años alcanzó su objetivo de ser piloto, corriendo en la Fórmula 400 australiana. Su espíritu de superación fue todo un ejemplo desde la primera prueba en la que compitió. No solo logró terminarla sino que la ganó.

Su situación física no era motivo de vergüenza y tristeza para él, más bien al contrario, le servía para gastar alguna broma. Cuando le preguntaban si no tenía miedo a caerse y hacerse aún más daño, respondía diciendo: "¿Más daño? Al contrario, tengo la mitad de posibilidades que el resto de lesionarme".

Sin duda, un claro ejemplo de cómo hay que afrontar la vida.

Soichiro Honda, el fundador de la famosa multinacional automovilística Honda, nació en el seno de una familia muy humilde y fue expulsado de la Escuela Técnica de Hamamatsu, donde le impidieron que se presentara al examen final por considerarlo inútil.

Fue convocado para realizar una entrevista de trabajo en la casa Toyota, pero su perfil no fue del agrado de los entrevistadores, que decidieron que Soichiro no era el adecuado para el puesto. ¿Qué es lo que hizo entonces Soichiro, en vez de rendirse? Crear una empresa que compitiera con Toyota, a la cual le puso su apellido.

Charles Chaplin, el cómico incansable, de humor único y diferente, fue criticado en varias ocasiones por sus actuaciones. Algunos críticos opinaban que su forma de actuar era retorcida y no iba a atraer a demasiada gente. Pero Chaplin se negó a aceptar el rechazo y siguió adelante con su propósito. Lo intentó varias veces hasta que recibió la oportunidad que lo catapultaría a la cima del éxito, convirtiéndose en una de las mayores estrellas de la historia de Hollywood.

Teresa Perales, a pesar de estar sentada en una silla de ruedas debido a una enfermedad neurológica pudo hacer realidad lo que más le apasionaba, nadar.

Su esfuerzo y constancia la llevaron a conseguir nada más y nada menos que 22 medallas en los Juegos Paralímpicos, convirtiéndose en la primera mujer deportista paralímpica en conseguirlo.

Joanne Rowling, autora de la popular saga *Harry Potter*, tuvo que enfrentarse a la pobreza y la enfermedad antes de alcanzar el éxito. Estas experiencias la impulsaron hasta los primeros puestos de la lista Forbes por poseer una de las mayores fortunas del planeta.

Admiro y me emociono con su historia de superación. En los momentos que me viene a la mente el pensamiento de que no va a ser posible seguir escribiendo este y otros libros, recuerdo todas las vicisitudes a las que ella ha tenido que hacer frente y ha superado. Y al final, me sirve de trampolín para seguir adelante.

J. Rowling fue víctima de violencia doméstica, quedándose sola, sin nada más que su hija recién nacida en un brazo y una maleta en el otro. Se fue a vivir a Edimburgo en busca de un trabajo y contando apenas con la ayuda de la Seguridad Social. Cada día se sentaba en una cafetería, el único lugar donde su hija se dormía merced al bisbiseo de los clientes, y allí alargaba el café con leche horas y horas, escribiendo sin parar.

Durante aquella etapa llegó a ser diagnosticada de depresión clínica e incluso contempló el suicidio, pero ella sentía que tenía que seguir adelante.

Cuando terminó su primera obra, el famoso libro *Harry Potter y la piedra filosofal*, doce editoriales rechazaron el manuscrito. Hasta que un día el presidente de Bloomsbury le dio el primer capítulo a su hija pequeña para ponerlo a prueba. Pocos minutos más tarde, la niña bajó al salón suplicando que le dejase leer el resto del libro. El presidente de la editorial le ofreció inmediatamente a Rowling un cheque de 3.000 euros, un dineral comparado con los 325 euros mensuales que en aquel momento recibía de la Seguridad Social.

¡Hoy las copias de la primera tirada están valoradas entre 20.000 y 30.000 euros!

En 2008 se convirtió en la primera persona de la historia en manejar mil millones de dólares exclusivamente por la venta de libros.

Podría seguir con más casos de éxito como estos, pero quiero que los veas tú con tus propios ojos y empapes tu mente consciente y subconsciente de verdaderas experiencias de superación.

De esta manera tus creencias irán cambiando y sentirás que nada es imposible, a pesar de las condiciones que puedas tener.

Debes transformar esas creencias que te hacen pensar, sentir, actuar y crear la vida que tienes.

Las historias de éxito son un buen aliciente y fuente de inspiración y motivación. Así que te animo a que te empapes de biografías, entrevistas de personas que han empezado desde cero o cuyas circunstancias no eran las más favorables y, sin embargo, hicieron todo lo que estaba a su alcance para cumplir sus sueños.

Por ejemplo, el famoso empresario multimillonario Amancio Ortega, hijo de un trabajador ferroviario, cuya familia apenas llegaba a fin de mes; Ángel Nieto, que empezó barriendo y limpiando motores; Rick y Dick Hoyt, el padre que con su fe y persistencia enseñó a leer y escribir a su hijo con parálisis cerebral; Kyle Maynard, cuyo problema físico no le ha impedido cumplir sus metas; Choi Sung-bong, abandonado con tres años en un orfanato y ahora célebre tenor; Rebekah Gregory, que perdió la pierna en un atentado y siguió corriendo; Oscar Pistorius, el corredor sin piernas, y Lizzie Velásquez, la mujer más luchadora del mundo, a pesar de que la apodaron "la más fea del mundo".

Puedes investigar también la vida de otras personas, como Bobby Charlton, futbolista que sobrevivió al desastre aéreo de Múnich; Kelvin Doe, el ingeniero de Sierra Leona; Im Dong-Hyun, el campeón de arco con miopía; Pablo Pineda, primera persona con síndrome de Down en tener una carrera universitaria; Daniel Bergmann, el niño autista que completa seis programas de Coursera; Juan Lascorz, el piloto cuadripléjico; Carrie Brown, la modelo con síndrome de Down, o Jessica Long, la nadadora sin piernas.

Cuando termines de indagar en todas estas biografías serás consciente de que no puedes permitir que las circunstancias te manejen. Tú eres el que has de manejarlas a ellas y seguir adelante. Eres el único dueño de tus decisiones y tus actos.

Tu vida puede ser lo que tú quieras que sea, solo depende de ti.

Da gracias por todas las bendiciones que tienes y no te enfoques en los problemas. Sé más grande que ellos, pues nada hace perder más energía que las preocupaciones.

Sé valiente y no te impongas límites. No dejes tus decisiones importantes al azar y esfuérzate por llegar a tu meta, a tus éxitos. La actitud y la mentalidad con la que te enfrentas a algo es lo que hace diferente tu existencia.

Sé consciente de **tu Verdadero Valor** y empieza ya tu nueva vida. No esperes a sentirte preparado para hacer lo que anhelas.

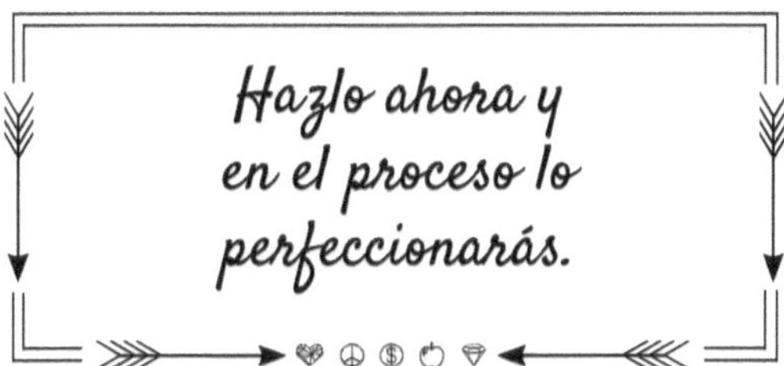

Este ha sido mi lema para escribir este libro. Hace un mes no me sentía preparada para escribir, sin embargo empecé a hacerlo diariamente, dejando las palabras fluir, sin juzgarlas. Y así percibí cómo cada día me sentía más preparada para hacerlo.

No te voy a negar que he tenido momentos de dudas y excusas varias para echarme atrás. Instantes de soledad para protegerme de las voces que me decían que sería muy duro afrontar la vida familiar y laboral y, además, alumbrar tres libros en un corto periodo de tiempo.

¿Pero sabes qué?

Que me siento tremendamente orgullosa, agradecida y feliz de haber seguido adelante, de haber salido de mi zona de confort, controlando las mil excusas que me ha planteado la mente y siguiendo siempre a mi corazón.

Todo el esfuerzo ha merecido la pena, porque parte de mi sueño se acaba de realizar terminando de escribir ¡mi primer ejemplar!

Me brotan las lágrimas de la emoción y sé que esta aventura solo acaba de empezar, porque mi sueño sigue empeñado en ayudarte a transformar tu vida y la de millones de personas en el mundo entero.

Ya tengo mi primera herramienta para construir un mundo lleno de cumplidor@s de sueños. Y mi deseo es que tú seas parte de él.

Tú también las tienes para formar parte del club de cumplidor@s de sus PROPIOS SUEÑOS.

> ¡Suelta el miedo y ve a por ellos, jamás te des por vencido porque, a veces, la última llave es la que abre la puerta de tus sueños!

Y nunca lo olvides,

> ¡Tú eres muy valioso y poderoso!
>
> ¡Tú eres el creador de tu vida!
>
> ¡Tus sueños están esperando hacerse realidad!
>
> ¿Me acompañas en mi próximo libro?

¡Gracias, Gracias, Gracias
por formar parte
de mi sueño y haber
elegido mi libro para
cambiar tu destino!

TU GUÍA
PARA PULIR
tu Diamante
Interior

Antes de adentrarnos en nuestro próximo viaje me gustaría que te asegurases de que ya has empezado a pulir tu diamante interior para brillar cada día más y más y alcanzar tus sueños.

Estas preguntas contienen las herramientas que cambiaron mi vida y que me acercan cada día más a la realización de mis sueños. Ahora ha llegado el momento que las contestes tú y además desde el corazón.

¿Has olvidado el pasado y estás viviendo el presente?

¿Has aceptado que tu felicidad está dentro de ti y depende solamente de ti?

¿Has abandonado el victimismo y te has hecho 100% responsable de tu vida?

¿Has perdonado a los demás y a ti mismo?

¿Te has llenado de amor, gratitud, alegría, fe, paz, prosperidad, positividad y mucha persistencia?

¿Estás transformando tus creencias limitantes en potenciadoras?

¿Has soltado el miedo y te has comprometido a alcanzar tus sueños?

¿Estás decretando diariamente todo lo que quieres ser y tener?

¿Estás aprovechando los beneficios de la música y del baile?

¿Estás haciendo tu diario de gratitud cada día?

¿Estás enfocando tus pensamientos en lo que deseas y no en la carencia?

¿Estás transformando tu dialogo interno en tu mejor aliado?

¿Estás practicando el ho'oponopono para limpiar tu interior?

¿Estás avanzando con plena confianza en ti?

¿Estás cambiando tu actitud frente a los problemas que se te presentan?

¿Estás estudiando los modelos de referencia que ya han alcanzado la vida que tú deseas?

¿Estás visualizando tus sueños diariamente con los cinco sentidos?

¿Estás comprobando la efectividad de la Ley de la Atracción?

¿Te ríes cada día?

¿Crees en tu Verdadero Valor para crear tu destino?

¿Cuántas respuestas afirmativas has obtenido? Recuerda que cuantas más obtengas más cerca estarás de encontrarte con tus sueños.

✦✦✦

SI NECESITAS AYUDA PARA REALIZAR ESTE EJERCICIO, POR FAVOR ENVÍAME UN CORREO ELECTRÓNICO A <u>TUVERDADEROVALOR@GMAIL.COM</u> Y ESTARÉ ENCANTADA DE PODER AYUDARTE.

¿ME CUENTAS CÓMO HA SIDO
este viaje?

Ahora me encantaría que me explicaras si has disfrutado de este viaje transformador.

Como ya te mencioné, mi mayor deseo es que este libro ayude a miles de personas a descubrir su verdadero valor interior con el fin de impulsarlas a conducir su propio destino y alcanzar la vida que desean. ¿Me ayudas en esta misión?

Piensa en aquella persona que sabes que siente ese vacío interior, que quiere mejorar su vida y regálale este libro o empieza a compartir con ella lo que yo llamo "mensajes de universo".

Abre el libro al azar y comparte el mensaje que haya aparecido en esa página.

También lo puedes publicar en tus redes sociales para inspirar a más personas. Para referirte a mí, mencióname con uno de los siguientes hashtags **#tuverdaderovalor** o **#filipamenezes**, así podré agradecértelo y mantener contacto contigo. Si prefieres que lo publique yo en mis redes sociales, o simplemente deseas compartirlo conmigo, envíame por favor un correo a tuverdaderovalor@gmail.com o contáctame a través de mis redes sociales. Me encantaría conocerte y saber más sobre ti. Envíame tu mensaje con una foto con el libro o cualquier otro comentario que desees. Estaré encantada de contestarte.

¡Hagamos junt@s de este mundo un lugar mejor para vivir!

Con mucho amor, cariño y gratitud, te dejo un hasta pronto,

Lain García Calvo

Lain García Calvo es mi mentor y no podía estar más orgullosa de ello. Es el líder más influyente en materia de crecimiento personal y liderazgo en habla hispana. Dedicado al alto rendimiento deportivo durante más de veinte años, ha impactado a miles de personas a través de sus libros, de sus eventos y mentorías.

Además, es la persona que me ha impulsado a luchar por mis sueños y a empezar a escribir este libro.

Es un *coach* simplemente extraordinario, porque a todo lo que hace le pone el extra, transformando cosas ordinarias en extraordinarias.

Sus discursos son realmente impactantes y su energía es contagiosa.

Te invito a que entres en su página web y empieces a disfrutar de la lectura de uno de sus preciosos libros.

www.lavozdetualma.com

Acompáñame
en el siguiente
viaje porque...

TUS SUEÑOS
TE ESPERAN